D. MARIA I

Mary del Priore

D. MARIA I

As perdas e as glórias da rainha que
entrou para a história como "a louca"

Benvirá

Copyright © Mary del Priore, 2018

Preparação Luiza Del Monaco

Pesquisa documental e iconográfica Carlos Milhono

Revisão Maurício Katayama

Diagramação Claudirene de Moura Santos Silva

Capa Deborah Mattos

Imagem de capa *Retrato de d. Maria*, de Giuseppe Troni, séc. XVIII. Óleo sobre tela, Palácio Nacional de Queluz, Queluz.

Impressão e acabamento Edições Loyola

Dados Internacionais de Catalogação na Publicação (CIP)
Angélica Ilacqua CRB-8/7057

Del Priore, Mary, 1952-

   D. Maria I: as perdas e as glórias da rainha que entrou para a história como "a louca" / Mary del Priore. – São Paulo: Benvirá, 2019.

   224 p.

Bibliografia

ISBN: 978-85-5717-316-3

1. Maria I, Rainha de Portugal, 1734-1816 - Biografia 2. História - Portugal 3. Rainhas - Portugal - Biografia I. Título

19-1263

CDD 923.1469

CDU 929.731(469)

Índices para catálogo sistemático:
1. Rainhas - Portugal - Biografia
2. História - Portugal - Brasil - Séc. XVIII

1ª edição, agosto de 2019

Nenhuma parte desta publicação poderá ser reproduzida por qualquer meio ou forma sem a prévia autorização da Saraiva Educação. A violação dos direitos autorais é crime estabelecido na lei nº 9.610/98 e punido pelo artigo 184 do Código Penal.

Todos os direitos reservados à Benvirá, um selo da Saraiva Educação, parte do grupo Somos Educação.
Av. Doutora Ruth Cardoso, 7221, 1º Andar, Setor B
Pinheiros – São Paulo – SP – CEP: 05425-902

SAC: sac.sets@somoseducacao.com.br

CÓDIGO DA OBRA 646301   CL 670829   CAE 660070

Sumário

1 | Era uma vez... _____ 7

2 | De princesa a rainha, num castelo de... madeira _____ 35

3 | A mão que batia e abençoava _____ 73

4 | Os prazeres e os dias dos reis _____ 89

5 | Nossa senhora das dores _____ 107

6 | Tempo de lágrimas e expiação _____ 129

7 | Com o Diabo no corpo? _____ 143

8 | "Morrer para não morrer" _____ 163

9 | Venha, morte, venha... _____ 185

Referências _____ 201

Agradecimentos _____ 215

1

Era uma vez...

Em 17 de dezembro de 1734, com um livro de orações nas mãos, uma jovem princesa, d. Mariana, a infanta da Espanha, sentiu as dores. Cercada de parteiras e damas da corte, aguardou sua hora, murmurando as orações de praxe. Pelos corredores, corriam criados transportando recipientes de água quente. Candelabros e velas de sebo iluminavam os salões mais escuros, pois era inverno. Assim que correu a notícia de que a princesa estava em trabalho de parto, todos os ministros, magistrados e cortesãos se precipitaram ao palácio. Nos conventos e igrejas, tiveram início as orações e ladainhas para que o nascimento fosse feliz. Em Belém, no mosteiro dos Jerônimos, os frades se reuniram em volta dos quadros e imagens que garantiam "a fertilidade e saúde dos partos régios".

Sobre o corpo da jovem mãe, colocaram-se relíquias milagrosas emprestadas pelas damas da corte: cabeças de cobra revestidas de metal, ramos de coral, dentes de tubarão, pedras preciosas e medalhas do Agnus Dei. Não se sabe se a jovem princesa soprou uma garrafa para ajudar na expulsão ou se foi sacudida nos lençóis para acelerar o trabalho de parto, como se costumava fazer na época.

Sabe-se que, ao final do dia, o leito revirado, os panos sangrentos nas bacias de prata e as roupas sujas pelo chão anunciavam a chegada de d. Maria Francisca Isabel Josefa Antonia Gertrudes Rita Joana de Bragança e Bourbon. Recebeu o nome da Mãe de Deus. Maria ia querer ser como ela: uma fonte de bondade.

Dos braços da parteira, seguiu para a etiqueta palaciana e o primeiro cerimonial. Conforme registrou um cronista da época:

> Tanto que a princesa nasceu, a tomou a rainha sua avó nos braços, e depois de enfaixada a passou aos do príncipe seu pai, que junto com el-rei entraram no oratório que fica imediato à câmara da princesa, e com grande devoção renderam a Deus as graças, oferecendo-lhe com humilde piedade aquele mesmo precioso dom que acabavam de receber da sua divina clemência.

A menininha nasceu e, mais importante, sobreviveu. O pai, o herdeiro luso e príncipe do Brasil d. José, na juventude de seus 20 anos, se tivesse tido um filho, teria levantado o pequeno para que fosse visto pelos cortesãos. A questão do sexo da criança era de grande importância. Desde sempre se aguardava com a maior ansiedade a chegada do varão, orgulho dos pais, predestinado à sobrevivência do nome da família, do poder e da fortuna, sobretudo entre os soberanos, preocupados com a continuidade da dinastia. A própria medicina reconhecia essa predileção e indicava as receitas de Galeno, muito respeitado médico da Antiguidade, para a concepção de filhos homens. Mas, como de praxe em todos os nascimentos de "fêmeas ou machos" reais – como se dizia, então –, os canhões dispararam, os fogos espocaram e o repique de sinos convidou a população a enfeitar moradas e ruas com luminárias ou tigelinhas recheadas com óleo e acesas com pequena chama. Pai e avô se limitaram a ajoelhar e agradecer a Deus o bem-sucedido parto. Ruidosos, os coches dos diplomatas estrangeiros começaram a chegar no meio da noite:

"Fui imediatamente à corte porque me disseram que assim era hábito, e tive audiências com a família real para os felicitar. Recomendo que a carta de felicitações do rei não tarde e seja enviada no próximo barco, pois esta corte é muito sensível a estes pormenores", explicava o embaixador britânico John Whitehall, por correio, a Londres.

Seguiram-se três dias de ininterruptos festejos. Um mensageiro, ricamente vestido com as cores de Portugal, galopou para dar a boa nova aos reis da Espanha, avós maternos da pequenina. Por outro lado, o avô paterno d. João V recebeu o embaixador espanhol em audiência, e houve beija-mão na corte. O beija-mão consistia num ritual em que os cortesãos, em fila, de pé ou de joelhos, beijavam, com reverência, a mão do rei e de seus familiares. Era a oportunidade de estar perto da família real. Varrido de outras cortes europeias, o beija-mão se mantinha em Portugal. Segundo o manual de boas maneiras *Escola de política ou tratado prático da civilidade portuguesa*, a reverência era complexa:

> Consiste em dobrar um pouco ambos os joelhos, ficando o corpo direito, e imediatamente pondo um joelho em terra lhe beija a mão, e levantando-se torna a fazer outra genuflexão como a primeira, e voltando sobre o lado direito vai saindo para fora com muita gravidade. Dando quatro ou cinco passos se vira de todo para el-rei e lhe faz a segunda continência, curvando como disse os joelhos [...] dá os passos que restam até a porta, por onde se sai da sala, e daí faz a última genuflexão à majestade.

Longas filas se formaram para executar o ritual de boas-vindas à Maria.

A pequena infanta descendia da dinastia Bragança pelo lado do pai. Sua avó paterna, Maria Ana de Áustria, era filha do imperador do Sacro Império Romano-Germânico, Leopoldo I. Era ainda uma

Bourbon por parte do avô materno Filipe V de Espanha, com ligações com as casas da Baviera e outras casas da Europa. Do lado de sua mãe, também descendia de Isabel Farnésio, herdeira da Casa de Parma, esposa de Filipe V. Enérgica, essa avó era a última representante da linhagem dos Farnese e, por isso mesmo, legatária do pequeno ducado italiano de Parma, ligado à casa dos Bourbon de Espanha. Maria recebeu do avô e padrinho, d. João V, o título de princesa da Beira. Ele estabeleceu, também, que todos os futuros filhos dos príncipes do Brasil, d. Mariana e d. José, usariam o mesmo título, fossem meninos ou meninas.

De um grande cofre, a jovem mãe escolheu a mais bela renda e a mais fina lingerie bordada com a qual se cobriria durante quatorze dias, mantendo as pernas esticadas. Só ao cabo deste repouso forçado a parturiente se levantaria para assistir à missa e agradecer a Deus. E enquanto d. Mariana usava receitas antigas para secar o leite, como era comum na época, uma onda de alegria sacudiu o reino. O povo, marcado por austera moral e uma fé religiosa ardente, celebrou a recém-chegada. Concursos literários em homenagem a Maria, festas com luminárias e missas em ação de graças por seu nascimento se estenderam do Norte ao Sul. Em Lisboa, o tempo do trabalho na cidade foi interrompido para as celebrações. Nas tabernas, brindava-se com água-pé ou aguardente de medronho. Nas mesas aristocráticas, os cristais retiniam. Na praça, à volta do chafariz, ambulantes ofereciam produtos comestíveis aos curiosos que vinham admirar o palácio, enquanto militares em parada cruzavam em todas as direções. Fragmentos de vozes se entrechocavam, próximas ou distantes. Risos e brincadeiras cruzavam o ar. Nas casas, "certames de poesia" saudavam a chegada da princesa da Beira, com prêmios para os melhores poemas. Ao pôr do sol, as águas do Tejo que banhavam a galeria real, local de embarque e desembarque, iluminavam-se. A cidade, com suas igrejas, conventos e casas, compunha um mosaico colorido que parecia dizer: Aleluia! Uma herdeira do trono chegou!

A 18 de dezembro, desenrolaram-se as principais cerimônias religiosas em agradecimento ao feliz evento. Regido por protocolo sofisticado, o batizado veio logo. A pressa decorria da crença de que, se sobreviesse uma doença ou morte, a criança ia direto para o céu. Os padrinhos não eram uma escolha aleatória dos pais, mas decisão cuidadosamente pensada, que correspondia a laços simbólicos e dinásticos. Nascer "princesa" ou "príncipe" tinha peso, e os compromissos estabelecidos em torno do batismo equilibravam as tensões dentro da corte.

Foram padrinhos os avós paternos, que permaneceram debaixo de um pálio adornado cujas varas eram carregadas por grandes figuras do reino. Deitada sobre uma almofada, elevada algumas vezes por d. Vasco da Gama, marquês de Nisa, para que todos vissem o cândido embrulho dentro da camisola bordada, a criança recebeu a água do batismo, de uma concha de prata. A cerimônia foi realizada pelo Patriarca de Lisboa, o cardeal d. Tomás de Almeida. Encarregado de vários exorcismos para afugentar o Diabo, ele soprou em forma de cruz três vezes sobre o corpo da princesa e colocou sua mão direita sobre a cabeça dela para romper os laços com o Maligno. Também lhe ungiu os ombros e o peito com santos óleos.

Durante a cerimônia, diante da pia batismal lavrada em mármore, o duque de Cadaval segurou o círio; o duque de Lafões, o pano branco com que se cobria a cabeça da recém-nascida; e o marquês de Alegrete, o maçapão, doce de farinha de amêndoas e ovos que, na tradição das cortes espanholas, servia para auxiliar o sacerdote a limpar os dedos após a colocação dos santos óleos no batizando. Marqueses e condes ladeavam os monarcas, assim como as damas da rainha e senhoras de honor que recitavam a ladainha de Todos os Santos. Devotos de São Francisco Xavier, os membros da família imperial portuguesa ganhavam sempre o segundo nome Francisco ou Francisca. Maria, então, ficou Maria Francisca. E todos, Franciscos e Franciscas, desde sempre, participavam das novenas de veneração ao santo que eram realizadas no templo do Colégio de Santo Antão.

Durante o ritual, ouviu-se o *Te Deum* na Capela Real e Patriarcal, onde a pequena Maria teria contato com o universo profundamente religioso em que iria viver. A voz angelical dos *castrati* entoou o hino:

A Vós, ó Deus, louvamos e por Senhor nosso Vos confessamos.

A Vós, ó Eterno Pai, reverencia e adora toda a Terra.

A Vós, todos os Anjos, a Vós, os Céus e todas as Potestades;

A Vós, os Querubins e Serafins com incessantes vozes proclamam:

Santo, Santo, Santo é o Senhor Deus dos Exércitos!

Os Céus e a Terra estão cheios da vossa glória e majestade.

Como um teatro de luxo e piedade, as missas aí cantadas, o perfume do incenso, as pinturas religiosas, os anjos esculpidos com suas asas abertas pareciam querer levar os fiéis ao céu – céu de onde rainhas e princesas santas como Joana ou Isabel zelavam pelos Bragança. Banquetas, castiçais e lampadários de prata e lápis-lazúli, fabricados em Roma, reverberavam a luz de milhares de velas. A música religiosa chegava aos ouvidos do povo, reunido às imensas portas que se abriam para o Paço da Ribeira. Em Portugal, a estética e o sagrado estavam unidos. O paraíso estava em cada igreja, e ali, Deus, sobre os homens. E, no meio, reis e rainhas.

Logo após o batizado, a infanta foi entregue à criação de uma ama de leite da Casa das Rainhas, até os 2 anos. Na aristocracia europeia, a tradição do aleitamento mercenário na criação das crianças era normal. A resistência à amamentação materna não tinha a ver com a ausência de afeto, mas com a necessidade de assegurar uma fecundidade elevada. Já se sabia que a lactação impedia com muita eficácia uma nova gravidez. A mãe tinha, portanto, que ficar liberada da amamentação para que pudesse engravidar novamente. Acreditava-se, também, que as relações sexuais corrompiam o leite materno, sendo um perigo para o recém-nascido. O leite materno era considerado sangue que, cozido pelo calor do coração, ganhava a coloração branca.

***

Quando Maria nasceu, o reino de Portugal vivia uma época esplendorosa. O fluxo de riquezas vindas do Brasil, sobretudo o ouro e os diamantes extraídos das Minas Gerais, permitia a vida de uma corte rica, aberta aos modelos europeus, notadamente os franceses. O belíssimo Palácio de Mafra, misto de castelo, igreja e convento, atestava o que um historiador chamou de "delírio de luxo beato" do monarca, d. João V. O som que se ouvia na capela era feito por músicos italianos. O estilo que nascia então, o barroco joanino, celebrava a fé e exaltava o monarca e a independência do reino.

O avô de Maria era um monarca com poderes absolutos, porém, segundo alguns autores, um escravo dos sacerdotes. A Igreja era uma instituição muito poderosa, beneficiando-se de tal maneira da misericórdia do rei que não se sabia onde terminava a autoridade eclesiástica e começava a autoridade do monarca. A Companhia de Jesus tinha indiscutível prestígio, controlando o sistema de ensino, confessando a família real e tendo construído, sempre em nome da defesa da fé, uma considerável teia de poder em todo o reino. O rei erigia conventos e igrejas, cobrindo-os com mármores raros e enchendo-os de tesouros: altares de ouro e prata cravejados de pedras preciosas, quadros e esculturas italianas. Seu convento preferido era o de Odivelas, onde tinha um apartamento forrado de tapetes e veludo amarelo com passamanaria de prata, com uma banheira, também em prata, feita em Londres, na qual mergulhava com sua favorita, madre Paula. Dois de seus muitos filhos bastardos foram ali concebidos.

Junto com as irmãs mais novas, os pais e os avós, Maria passou os primeiros anos no Paço da Ribeira, onde atualmente se situa a

Praça do Comércio. Esse palácio vasto e magnífico, com salas enormes e ricamente mobiliadas, desfrutava de um panorama a perder de vista do rio Tejo. Representava o ponto nevrálgico da vida política e econômica portuguesa. A vista que se tinha para o exterior era a da cidade e das águas douradas do rio, mas o horizonte específico da princesinha era predominantemente feminino: mãe, avós, damas e aias zelavam por seu bem-estar e tinham como encargo os cuidados diários com sua higiene e alimentação, assim como de suas irmãs. As aias, só virtudes, eram saídas de famílias tituladas, mas escolhidas a dedo para que dessem o bom exemplo. A menina vivia num ambiente protegido de perigos visíveis e invisíveis. Era hábito as crianças portarem bentinhos, amuletos e relíquias sobre a roupa que vestiam, para protegê-las de doenças, de Lúcifer ou de bruxas, em cuja existência se acreditava piamente.

Durante seu reinado, d. João V acrescentou grande magnificência ao palácio. D. José I, seu sucessor, pai de Maria, também engrandeceria aquele espaço ao encomendar ao arquiteto italiano Giovanni Carlo Galli da Bibbiena a construção de um teatro régio adjacente. No Paço, conhecido por suas janelas e galerias abertas, Maria, que dormia com as irmãs, cresceu entre os quartos de sua mãe, d. Mariana, e de sua avó, Maria Ana da Áustria. Um quarto, na época, significava uma fileira de aposentos ou de divisões com serventia separada. O do pai, d. José, dava para o Terreiro do Paço, onde se corriam os touros. O da rainha, sua avó, dava para o Tejo e, dizem os cronistas, era enorme, nele podendo caber oitocentos homens. Forrado de brocado encarnado e pinturas religiosas, iluminado por um candeeiro gigante que refletia suas velas nos espelhos da parede, d. Maria Ana recebia seus súditos para audiências ou uma simples conversa. Sedas da Índia e do Japão pendiam das paredes e placas de prata lavrada, vindas da Alemanha, adornavam o ambiente. Seguia-se um oratório, recheado de imagens pias esculpidas e pintadas, o toucador e o quarto de dormir.

A seguir, vinha o quarto da mãe, d. Mariana Vitória, e tanto o quarto dela quanto o de d. Maria Ana tinham comunicação com o chamado "quarto das alemãs", damas que vieram da Áustria com d. Maria Ana. Essa passagem servia como sala de jantar para a rainha, a princesa e suas damas, e ali chegavam "as iguarias vindas da cozinha" de d. Maria Ana. A etiqueta exigia que as crianças se sentassem depois dos adultos à mesa. Um ou mais provadores garantiam a qualidade da comida e a saúde da família real, evitando envenenamentos. Um Jardim da Rainha convidava aos passeios e brincadeiras.

A jovem mãe, Mariana, carinhosamente apelidada de Marianina, também tinha sua história para contar. Em 1722, ainda muito pequena, foi prometida em casamento a Luís XV, rei de França. Cheia de graças, dona de olhos azuis cintilantes, foi viver na corte francesa até 1725, altura em que se achou que Luís, com 15 anos e fraca saúde, não podia esperar. Tinha que dar um herdeiro à Coroa. Sem condições de procriar e com apenas 7 anos, d. Mariana Vitória foi então devolvida a Madri, causando um estrago entre as duas cortes e desfazendo a aliança entre os Bourbon de França e os Bórbon da Espanha, os dois reinos poderosos da Europa. Então, para bem amarrar os laços entre Espanha e Portugal, casaram-na aos 10 anos com d. José, que tinha 14.

Os primeiros anos de Mariana em Portugal foram passados entre brincadeiras infantis, passeios pelo jardim, conversas, jogos, festas e caçadas em Belém. À medida que a menina crescia, construía-se, também, uma grande cumplicidade com o príncipe, o que fez com que ele desejasse consumar o casamento com sua menina esposa – que, além dos dotes físicos, era reconhecida por seu bom-senso e sua inteligência. Mas foi preciso aguardar as primeiras regras. E, quando elas vieram, celebraram a noite de núpcias. Esta primeira vez foi tornada pública, como, aliás, todas as noites de núpcias de casais reais, porque o povo tinha o direito de saber que a sucessão ficaria assegurada. Mariana tinha apenas 16 anos quando

Maria nasceu. Vieram depois quatro crianças que não vingaram, além de outras três que sobreviveram, e o casal esperaria 21 anos para ser coroado, o que só aconteceria em 1750, com a morte de d. João V.

Em busca de conforto, d. João V tinha mandado construir um aposento especial para as netas, na ala feminina – a chamada Casa das Rainhas –, e imposto ordens de ninguém entrar ou sair dessa ala sem o conhecimento dos "porteiros de cana", ou seja, soldados armados com longos bastões. Já o quarto do monarca, extremamente piedoso, não apenas abrigava seu próprio oratório, como também era recheado de coleções de relíquias e imagens santas de sua veneração. Ele alternava os pecados da carne com a devoção da alma. Mulherengo, teve inúmeros bastardos com dezenas de mulheres: damas, aias da rainha e freiras. A rainha, d. Maria Ana, revelou-se bastante generosa com os descendentes gerados fora do casamento, cedendo, em muitos casos, os próprios médicos, que trouxe consigo da Áustria, para executar os partos. Uma vez nascidas, as crianças eram separadas das mães, que, por sua vez, eram enfiadas em conventos ou expulsas da cidade.

***

A menina Maria passaria seus primeiros anos acompanhando o pêndulo entre pecado e culpa, liturgia e orgias, em que se balançava o avô. Mas a ela seria dada uma educação severa e profundamente marcada pelo catolicismo.

Não faltaram versões e genealogistas da família real a gabar as qualidades de Maria, a criança-prodígio: aos 17 meses, ela falava "com tão clara expressão" que parecia adulta. Aos 2 anos, como que predestinada, a infanta sabia toda a doutrina cristã. Aos 3, recitava o longuíssimo Credo de Santo Atanásio, o *Te Deum*, o *Magnificat* e outras orações em língua latina. Nas igrejas e na Capela Imperial do Paço, dava "atenção à missa com tal seriedade" que "se antecipou ao uso da razão e logo se aplicou a se instruir nos mistérios de nossa Santa Fé. [...] Em tudo brilha uma escondida moção de graça sobrenatural", tipo angelical, dizia um genealogista. Era um anjo e um anjo estudioso: aos 4 anos lia perfeitamente em português e castelhano e, aos 5 anos, em latim. Teria aprendido rapidamente o francês e, graças à excelente memória, recitava poemas e epigramas latinos.

A educação que Maria recebeu não foi muito diferente da de outras princesas europeias. Desde cedo, as infantas participavam de todas as cerimônias da corte, de modo a desenvolver a arte da discussão e suas capacidades de civilidade. Verão ou inverno, eram arrancadas do sono e dos sonhos infantis para serem vestidas, penteadas e maquiladas. Também eram adestradas para dominar seus "afetos". Os afetos designavam as paixões. Por isso, desde o século XIII, normas eram impostas na formação de príncipes e princesas. Nesses discursos sobressaía, entre outras, a ideia da construção de um interior perfeito, capaz de governar de forma justa os vassalos e de coordenar equilibradamente os vários órgãos políticos. Só assim um futuro dirigente poderia alcançar a harmonia política.

Para conseguir essa harmonia, era fundamental o domínio das letras, que permitia adquirir sabedoria através do estudo de obras filosóficas, da leitura da Bíblia e do conhecimento dos escritos históricos e políticos para desenvolver a prudência. A fim de ter bela caligrafia, copiavam autores da Antiguidade, como Cícero. Não havia dúvida de que a história dos reis de Portugal, a história dos heróis da Antiguidade e a geografia eram as disciplinas de maior relevo para a formação. As lições de línguas, a começar pela língua portuguesa e sua gramática, eram consideradas fundamentais para que se dominassem seu uso e a compreensão escrita e oral. Mas também eram aprendidas as línguas dos países com os quais se mantinha um contato político mais frequente.

Dois autores franceses – François Fénelon, com seu *De l'éducation des filles*, e Claude Fleury, autor de *Traité sur le choix et la méthode des études* – eram usados pelos mestres. O primeiro recomendava que a música, a dança e a pintura fossem praticadas exclusivamente num contexto privado; o segundo acrescentava ao ensino dos princípios religiosos a aritmética prática, conhecimentos básicos de farmácia e também de jurisprudência. No caso das princesas, trabalhos de costura eram obrigatórios, pois preservavam o sexo feminino do ócio e, por conseguinte, do pecado.

Se existiam muitos pontos comuns entre a educação recebida pelos infantes e pelas infantas, os propósitos não eram os mesmos. Os ensinamentos religiosos das infantas eram dados por eclesiásticos, muitas vezes membros da própria Casa das Rainhas, consistindo em leituras de obras de espiritualidade cujos temas deviam lhes incutir os valores essenciais de uma boa católica: a doçura, a compaixão e o amor maternal. Eram, também, ensinados os deveres para com Deus, ou seja, inúmeras horas de oração e práticas de devoção. Os manuais de instrução feminina davam destaque à casa, espaço de poder e pertença da mulher. E recomendavam também que, depois das orações, as crianças beijassem o chão e, prostradas por terra, se lembrassem do inferno para aonde iam aquelas que praticavam obras más!

Além de reforçar a fé das jovens da família real no catolicismo, o objetivo era inculcar as noções de "bom caráter" a essas possíveis futuras rainhas. O "bom caráter" era um dos elementos decisivos para um rei na hora de escolher sua futura rainha. Isso significava que as jovens mulheres eram ensinadas a vencer suas grandes paixões cotidianamente, e a moderar as pequenas, tais como a impaciência, a cólera ou a aversão à dor. Sua educação era, antes de tudo, uma educação moral.

Embora a *Gazeta de Lisboa* não desse tantas notícias sobre as atividades de Maria, e muitos acreditassem que sua compleição frágil e doentia fosse responsável por essa supérflua educação, a princesa se concentrava nas obrigações religiosas. Visitava regularmente as igrejas de Belém, Bom Sucesso e da Boa Hora e os conventos das religiosas irlandesas ou das Descalças de Santo Agostinho, informava excepcionalmente a mesma *Gazeta de Lisboa*. Desde cedo, como diria um viajante inglês, ela via "no clero um oráculo divino".

Dentro ou fora do palácio, a menina respirava o clima místico e piedoso da alma portuguesa. As ruas que cortavam o panorama visto do Tejo eram permanentes vias sacras, por onde perambulavam milagreiros e beatos. Frei João de Nossa Senhora, frade e poeta xabregano, por exemplo, costumava cruzar o Paço em direção ao Bairro Alto, com uma imagem da Virgem que ele chamava de *Senhora Pequenina*, respondendo em décimas e quadras as perguntas que lhe eram feitas. As igrejas nas colinas irradiavam milagres: Nossa Senhora Penha de França fizera brotar água em quintas próximas ao seu convento. Do mosteiro de Santa Clara, o odor de santidade da sóror Juliana de S. Boaventura embalsamava os ares da vizinhança. Ela era capaz de conversar com caveiras ou demônios que lhe apareciam na forma de gigantescos ratos. Num convento vizinho, madre Teresa da Anunciação fazia caramelos dulcíssimos, "brancos como cristal", misturando ao tacho de açúcar um pedaço do cordão de Nosso Senhor. Nas dominicanas, falava-se que o menino Jesus, como qualquer criança saudável, não parava de "crescer". Em Beja, dizia-se que ele "jogava cartas" com a carmelita sóror Mariana, a quem alimentava com pedacinhos de pão ensopado no sangue de suas próprias chagas. Com a venerável madre Rosa Maria Sério de Santo Antônio, preferia as "formosíssimas partidas de bola". Na quinta do Calvário dormitavam mágicas relíquias a zelar sobre a cidade: a cabeça da mártir Santa Helena (uma das "onze mil virgens"), uma partícula da toalha em que Cristo comera, três caixões de ossos de diversos mártires, o "verdadeiro retrato" de são Brás etc. Em São Francisco de Xabregas, a multidão disputara a tapas pedaços do "venerável cadáver" e a roupa de cama encharcada de sangue e de excrementos do santinho frei José de Santana.

Assim, imagens religiosas, das mais doces às mais violentas, povoaram a infância de Maria. Ela assistia às missas matinais, às preces no final da tarde na capela do palácio e, quando havia um dia dedicado a um santo ou uma festa religiosa, pelo menos uma vez por semana, ela estava presente. Sentava-se ao lado da mãe, na igreja e nos serviços religiosos. Ao ver d. Mariana beijar as páginas dos livros de orações, a imitava. Tinha como hábito beijar os nomes de Deus, de Nossa Senhora e de todos os santos e anjos em todos os livros que se abrisse, como recomendava a Santa Madre Igreja. Também, duas vezes por ano, eram montados autos de fé presenciados "com muita diligência" pelo avô. Do rei ao mais humilde plebeu, todos, sem exceção, estavam convidados a assistir ao maior espetáculo organizado pelo Tribunal do Santo Ofício. A cerimônia pública, ensaiada em detalhes com grande antecedência, confirmava o triunfo da fé e o poder da Inquisição. Os cortejos de condenados e penitentes, vestidos com túnicas amarelas e descalços, começavam muitas vezes na igreja de São Domingos, ao lado do Palácio dos Estaus, sede do Tribunal, e frequentemente terminavam com os condenados garroteados e queimados na fogueira. Edificante!

Grande movimento antecedia o auto de fé. Eram necessárias várias semanas para montar o espetáculo que atraía as atenções da família real. Foi exatamente quando a presença do rei começou a ser mais constante, como acontecia com d. João V, que a cerimônia passou a ter outras exigências na apresentação pública dos réus, na leitura e na execução das respectivas sentenças: das túnicas que os condenados tinham de vestir, pintadas à mão por artistas especializados, à própria estrutura do cadafalso, construída como se se tratasse de um palco, passando pelas bancadas dos ilustres convidados, cobertas com tecidos em tons de dourado e vermelho. A cargo do Tribunal do Santo Ofício, a encenação era complexa, porém eficaz. Os longos cortejos em Lisboa realizavam-se normalmente aos domingos e duravam, no mínimo, um dia inteiro. Do púlpito, os padres se empenhavam em insuflar, com insistência, violência e até sadismo, o medo ao pecado. Desde pequena, Maria via arder em chamas os inimigos da fé católica.

Um viajante francês conta ter observado o povo reunido ao pé dos oratórios, diante dos quais se rezava, alternando orações piedosas e bofetadas para penitenciar-se. Nas procissões da Quaresma, os devotos açoitavam-se ou arrastavam correntes pelas ruas. Quando se cruzavam, saudavam-se: "Deus o ajude [...] Vem com Deus". Não havia quem não levasse sua carta de amores ao painel de Santo Antônio, na igreja dessa invocação, perto da Sé, ou que não carregasse, ao peito, um pedaço de pedra d'ara para proteger-se do "cobranto". Nas horas livres, essa mesma gente comentava que duas célebres bruxas, mulheres pardas conhecidas como as Salemas, tinham enfeitiçado o avô para que abandonasse sua amante, d. Paula, freira em Odivelas. Bisbilhotavam, também, sobre o padre "voador", Bartolomeu de Gusmão, que se envolvera em negócios de magia, fabricando, em seu laboratório na Bica do Capato, elixires de bruxo para desencantar amores. Apesar do temor de Deus, murmurava-se, e muito, sobre diabruras de trono e alcova.

**

Nos quadros de época, aristocratas como Maria eram representadas com pequenos chapéus emplumados, bonés enfeitados com fitas ou os cabelos adornados com flores. Um avental de tule bordado cobria vestidos de seda ou tafetá. Pulseiras, correntes e pequenos brincos carregavam os rostinhos, por vezes pintados de ruge para parecer saudável. Só eram exibidas quando embonecadas com rendas e laços, numa toalete de luxo que devia se parecer com a da mãe. Somente pela manhã, elas podiam se apresentar com camisolas compridas, fechadas por laços e um fichu de gaze amarrado sobre o queixo para, então, correr e brincar, com graça e liberdade. Mas o gosto do século XVIII as obrigava a usar espartilho desde cedo, pois era precioso caminhar corretamente, dançar corretamente, realizar corretamente as reverências sabendo segurar com a ponta dos dedos minúsculos a borda das pesadas saias. A educação corrigia tudo o que fosse vivacidade, movimento natural, gosto de infância. Ela reprimia o caráter e continha o corpo. Maria não cresceu sobre os joelhos da mãe, d. Mariana, que devia parecer a seus olhos o retrato da severidade e da dignidade. No palácio, o poder tanto da mãe quanto da avó era temido. E, na época, "estremecer sobre os filhos", ou seja, emocionar-se com eles ou adulá-los, era fortemente desaconselhado pelos educadores.

Em 1742, Maria tinha 8 anos quando preces e procissões começaram a cruzar a cidade, por conta do primeiro ataque de paralisia que acometeu o avô, d. João V. Grupos de fiéis subiam as colinas, indo de uma igreja à outra com as imagens de maior devoção: o Senhor dos Passos ia do palácio para a igreja Patriarcal. Nossa Senhora do Carmo, do convento de sua invocação para os aposentos reais. E o rei pagava seus pecados com missas e orações. Isso porque reis e plebeus banhavam no mesmo clima mágico-religioso da época. Sem problemas em reconhecer a existência da magia diabólica, médicos renomados como Bernardo Pereira e João Curvo Semedo afirmavam, à sua cabeceira, que paralisias, epilepsias e "outras semelhantes" eram causadas por Satã. No entender de doentes e também de médicos, moléstias, pecados e penitência eram sinônimos.

Antes de d. João V adoecer, Maria se identificava com os avós paternos não só nas formas de pensar como também nas de agir. Quando não os acompanhava a missas e procissões, seguia com eles em deslocamentos à Quinta de Belém, que acolhia uma escola de equitação; a Mafra, onde, nos apartamentos reais, se alojavam centenas de padres franciscanos; a Sintra, cujo velho castelo dos mouros proporcionava frescor nos verões; e às áreas de caça em Salvaterra de Magos e Vila Viçosa, que garantiam excelentes condições para o desporto que Maria viria a praticar com paixão.

Quantas vezes, ao viajar de um palácio para o outro, ela não viu carregarem a mobília e o recheio das casas: "um número prodigioso de veículos, uma misturada de carruagens novas e velhas", eram requisitados para cada passeio, assim como cavalos e mulas. Mesas, cadeiras, tapeçarias, espelhos, serviços de mesa, pratas e vidros eram embarcados e seguiam, aos solavancos, pelas estradas. "A corte não podia dar um passo sem levar consigo a mobília, porque a família não tem nada em mais do que um lugar ao mesmo tempo e não pode mudar de morada sem levar consigo até mesmo as camas e a roupa de cama", escreveu um francês que viveu em Lisboa. Ao chegar ao destino, um corre-corre: cozinheiros suavam nas cozinhas, criados arranjavam o guarda-roupa ou acomodavam o mobiliário. Nas cocheiras, os animais eram preparados para cavalgadas ou caçadas, que teriam lugar no dia seguinte.

Durante a infância, Maria teve professores de desenho como os conhecidos pintores José da Rosa, Domingos da Rosa e Antonio de Siqueira. Um de seus mestres de equitação foi o marquês de Marialva, que teria sempre participação na vida política do reino. Na música, paixão de seu avô d. João V, foi iniciada por meio do maestro napolitano de origem espanhola David Perez, mestre da Capela Real, e pelo padre José Gomes. Sua avó tinha introduzido o hábito de pequenos concertos de viola, violino e cravo na Casa das Rainhas, contratando para isso músicos estrangeiros. Ouviam-se então serenatas e zarzuelas espanholas. E Maria dançava com as irmãs, como se pode confirmar em correspondência de sua mãe, d. Mariana Vitória, em 1744: "No último dia do Carnaval, antes da Quaresma, dancei com as pequenas e três ou quatro outras mulheres, porque não é permitida a presença de homens aqui". Dançar com homens? Impossível.

1 | Era uma vez... 23

Na verdade, d. José, pai de Maria, preferia que, em vez de se dedicarem aos estudos cansativos, as meninas brincassem: "não tornem a escrever. E, em lugar disso, que se divirtam e brinquem muito". E brincavam muito juntas por conta da pouca diferença de idade. Com Maria Doroteia, nascida em 1739, Maria gostava de pintar quadros de temática religiosa. E ouvia cantar hinos na belíssima voz de Maria Ana, apenas dois anos mais nova que ela; atributo que não tinha. Maria e suas irmãs cresceram num ambiente familiar cercadas de cuidados, tanto dos pais quanto dos avós, e não lhes faltavam estímulos artísticos e piedosos. Com o que brincavam? Com vários tipos de bolas, arcos e tambores. Divertiam-se imitando o cotidiano da vida doméstica, com colheres de pau, instrumentos de cozinha, bonecas, figurinhas e miniaturas. Mas brincar, desde sempre, entre a realeza e a plebe, era também inventar jogos com o que a natureza oferecia. E nos jardins dos vários palácios era fácil achar água, pedras, pauzinhos, gravetos, penas de aves.

A futura rainha cresceu percorrendo a Sala dos Tudescos, onde seu avô e, mais tarde, seu pai recebiam embaixadores e autoridades e, em sinal de humildade, lavavam os pés dos pobres, na época da Quaresma. Ali, tapeçarias magníficas bordadas a ouro e seda mostravam os sucessos dos portugueses nas batalhas além-mar. Ela corria pelos salões da Biblioteca Real com suas imensas janelas quadrangulares. O barulho vindo dos armazéns da Casa da Índia – o som dos carregadores de caixas e baús recheados de produtos vindos das colônias – enchia os corredores. Muitos quartos eram forrados com os famosos panos de Arrás, as camas ficavam escondidas por dosséis bordados a ouro e em toda a parte havia coleções de santos, imagens pias e pinturas com temas bíblicos. Maria gostava de passar as horas nos aposentos de sua avó, d. Maria Ana, que dava para um terraço sobre o Tejo, perfumado por vasos feitos de pórfiro, cheios de flores.

Se d. João V dava ampla liberdade a seus cortesãos dentro do Paço, na Casa das Rainhas d. Maria Ana impunha o mais absoluto rigor.

Havia vigilância constante das câmaras e antecâmaras dos séquitos femininos. Pairava a tendência ao espírito de "retiro" religioso, a defesa da ordem, da ortodoxia católica e da disciplina. D. Maria Ana foi rainha educada, como todas as arquiduquesas da Casa de Áustria, "numa sólida piedade", no "afastamento do mundo", no "pouco ruído", comportando-se "como um bem concertado relógio", diziam dela os cronistas. Rigorosa, repetia sempre: "Os reis são os executores e, ao mesmo tempo, os mais ilustres vassalos das leis do reino". Obediência e exemplo vinham em primeiro lugar. Maria nunca esqueceu as regras que a avó "alemã" introduziu, continuando a respeitá-las mais tarde: proibição total de homens na ala feminina do Paço Real. Na segunda metade do século XVIII, vivia-se numa corte "habitualmente triste e pouco frequentada pela nobreza". Os nobres e diplomatas franceses que por ali passavam estranhavam o clima de convento.

Depois do primeiro ataque de paralisia, a saúde de d. João V declinou. Orações e missas não detiveram sua decadência física. Em agosto de 1742, sofreu novo ataque, e um espasmo que o privou de sentidos durante meia hora. Foram canceladas todas as aparições públicas, com exceção de um auto de fé. D. João sofreu ainda uma terceira trombose a 12 de novembro e nunca mais deixou de manifestar "tremuras violentas". A perna e o braço paralisados passaram a "inchar consideravelmente", segundo o embaixador britânico, enquanto ele sofria ataques constantes de delírio. Em setembro de 1749, fez a última viagem a Caldas, onde a imersão em águas quentes e sulfurosas amenizava suas dores. Mas, ainda segundo o embaixador, o rei retornou "numa melancolia mais profunda do que de outras vezes, porque tinha alimentado a ideia de que morreria antes de ter 60 anos completos, já que nenhum príncipe da Casa de Bragança tinha atingido tal idade".

Assim, Maria viu sua avó, d. Maria Ana, assumir a regência. Mais à frente, o impacto dessa regência seria enorme, pois foi a tão querida avó que aproximou Sebastião José de Carvalho e Melo, futuro marquês de Pombal e futuro desafeto de Maria, das esferas do poder. Além de estimado no Conselho da Regente, Carvalho e Melo era casado com a filha do marechal de Daun, da mais alta aristocracia austríaca. Segundo um viajante francês, em carta para um amigo, a morte do rei finalmente permitiria a desejada entrada de Carvalho e Melo no ministério e sua nomeação como secretário do Estado e dos Negócios do Reino.

***

O clima de religiosidade mística marcava não apenas a vida dos monarcas como também a do povo. Pecado e santidade, sagrado e profano, expiação e salvação, Deus e o Diabo formavam os contrastes da alma lusitana. Foi nesse ambiente que, aos 11 anos, em 1745, Maria teve um primeiro choque: "Ela teve um medo terrível e correu, em camisa, para a rainha, e as outras crianças, também cobertas com alguma coisa, mas, pés nus, foram para os reis", narrou um cronista.

O quarto em chamas, o calor, a fumaça, tudo o que Maria via nas pinturas sobre o inferno tentava sufocá-la. Nos sermões que a menina ouvia, o fogo era o carrasco dos pecadores, que ardiam em pecado. Ele queimava até a alma. O incêndio a empurrou para os braços da avó. As irmãs correram para o quarto dos pais. D. José enfrentou valentemente o fogo, precipitando-se para finalmente extingui-lo e provocando momentos de grande aflição entre as meninas e d. Mariana, grávida da quarta filha, que seria Maria Benedita.

Mas quem era a menina-moça Maria? Ainda ignorante de muitas coisas, ingênua, reservada, modesta, indulgente, ela deixava escapar toda a simplicidade natural da idade, do espírito e do coração. Contida, tinha o ar de um passarinho que ainda não aprendera a voar. Segundo o viajante inglês Thomas Costigan, era dona de "índole muito doce e um caráter piedoso, humano e afável". Era "mais alta e mais delgada que as irmãs, pálida, de rosto delicado, parecendo propensa à melancolia. Não tinham graça feminina suas pronunciadas feições. Na vida privada, sua conduta era exemplar". Não era bela, mas bondosa. De fato, Maria se destacava por atributos considerados nobres: fazia caridade, "fazia o bem", e todo o dinheiro que ganhava dos pais destinava aos pobres, ainda segundo Costigan. Oposta em tudo às mulheres descritas nos sermões, folhetos volantes e libretos de teatro de cordel que, na época, as pintavam como ambiciosas, vaidosas, sensuais, maldizentes, caprichosas e fonte de perdição, Maria encarnava o silêncio, a austeridade, o trabalho, a dedicação. Afinal, só esses comportamentos poderiam fornecer às mulheres uma justificação para sua existência.

Entre outros passatempos, ela gostava de folhear livros, dentro de casa, ou de estar ao ar livre, cavalgando e caçando com os pais. Sua mãe costumava lhe escrever, relatando façanhas: "fiz muito boa caçada, matei quatro porcos [do mato]". Maria não atirava tão bem quanto d. Mariana, mas gostava de participar das cavalgadas. De acordo com o viajante inglês Nathaniel Wraxall, ela apreciava, também, as noites no Paço de Salvaterra, onde, depois das caçadas e "coberta de diamantes", ouvia óperas italianas e comédias portuguesas, que d. José adorava. A princesa estava sempre com a mãe e as irmãs nas touradas de domingo, divertimento violento visto como "ato bárbaro" por estrangeiros, que não toleravam ver o touro ser farpeado, abatido com espada e punhaladas. Em outros momentos, fazia passeios de carruagem, pescarias e passeios de barco.

Sua formação prosseguia nas mãos da aia e do padre confessor. A primeira era encarregada de acompanhar a infanta junto à família e figurava entre os oficiais maiores da Casa Real. Possuía privilégios, como "votar na escolha dos mestres, assistir ao beija-mão, acompanhar as infantas nos passeios, viagens e atos religiosos". A de Maria chamava-se d. Ana Catarina Henriqueta de Lorena, filha do

***

Enquanto a esposa governava, d. João V dedicou-se a Deus, temendo o fim que o esperava. A morte, considerada o "castigo de todos os pecados", era a barreira à ilimitada malícia humana, previam os confessores. Para ele liam, então, o *Breve aparelho, e modo fácil para ajudar a bem morrer um cristão*, que recomendava acreditar no Juízo Final e "dar conta do bem e do mal que se tivesse feito". Deitado, com um edema na perna, mal podendo se mexer, o rei via o quarto se encher de padres que recitavam orações, entre eles um jesuíta considerado milagroso, Gabriel Malagrida. Os sermões e as orações celebravam o arrependimento, a culpa e os erros. Era preciso pagar por eles. Num êxtase terrível, repetiam-se descrições sobre cadáveres: suas órbitas vazias, a carne apodrecida e fétida, os vermes que a devoravam, os dentes desnudados, os lábios corroídos pela podridão. Não sem razão, o monarca temia morrer em pecado. O inferno barroco era o espaço de todo sofrimento físico possível. Nele, os homens ardiam em rios de lava, tinham seus orifícios invadidos por serpentes e animais rasteiros e se alimentavam de "um cálice de fezes"! Rodeados por escuridão total, iam "torcer os olhos, lançar escumas, refinar os gritos, pois iam ferver em metal e enxofre na fornalha infernal".

Em julho de 1750, d. João V piorou consideravelmente e foi sacramentado, à espera do perdão divino. Os frades foram chamados, recitaram-se salmos e jaculatórias, e o núncio veio administrar-lhe o sacramento da extrema unção. O rei expirou pouco depois, tendo a seu lado a rainha, o príncipe d. José e seus irmãos, os infantes d. Pedro e d. António, o cardeal da Cunha e os médicos da corte. A autópsia, segundo o embaixador britânico, revelou "grande quantidade de água na cabeça e no peito, que se supõe ter sido provocada pelos médicos com grandes sangrias e outras evacuações". Seu corpo foi levado para a igreja de São Vicente de Fora a fim de ser sepultado no mausoléu real. Os dois filhos, d. José e d. Pedro, acompanharam o cortejo até a porta do palácio, mas pararam por aí. De acordo com os costumes antigos, os familiares ficavam confinados aos seus quartos por oito dias, sem ver ninguém.

Os pais de Maria ascenderam ao trono, e a jovem se familiarizou com as cerimônias. No dia 7 de setembro, Lisboa festejou a aclamação de d. José. Maria tinha, então, 16 anos. Um pavilhão foi montado no Terreiro do Paço. A praça fervilhava de gente, e as águas do Tejo fervilhavam de barcos. Ao terminar o juramento, a multidão gritou: "Viva o rei". Soaram trombetas e sinos enquanto a artilharia disparava 21 tiros. Ao lado da mãe, da avó e das irmãs, Maria compreendia que, se não ganhasse um irmão, seria a próxima a estar no mesmo pavilhão, sob os aplausos do mesmo povo. Segundo relatou um comerciante de Lisboa,

> Houve muitas festas este dia por todas as igrejas e todos os conventos desta corte. Houve as suas missas do Espírito Santo, com o Santíssimo Sacramento exposto [...] toda a corte, todos vestidos de gala, e logo atrás os três cardeais, e logo atrás o nosso rei vestido com sua capa branca, encimada com sua gola encarnada toda lavrada de ouro, com um cocar de plumas na cabeça, na mão com seu cetro de ouro, e ao pé dele seus pajens que iam pegando a calda.

Carvalho e Melo, então secretário e conselheiro de d. João V, insuflava, por sua vez, no casal de soberanos a ideia de que, sendo el-rei "ainda novo e robusto, não devia perder a esperança de vir a ter filho varão [...] e se entretanto [...] a filha mais velha se tornasse menos apta para ter filhos, isso não seria inconveniente, porque ainda lhe ficavam as filhas mais novas; e não lhe faltaria um príncipe estrangeiro que a aceitasse".

Ou seja, Carvalho e Melo definitivamente não queria uma rainha. Queria o poder nas mãos de um homem, não de uma mulher. Alguns historiadores acreditam que isso possa ter influenciado na abreviada formação de Maria. Mas o futuro marquês de Pombal tinha antagonistas. O padre Timóteo de Oliveira, confessor e conselheiro de Maria, num discurso de parabéns que lhe dedicou nas festas de seus 15 anos, sublinhou os princípios que deveriam nortear a conduta de um monarca em quem o povo confiaria, demonstrando que, por possuí-las, ela tinha todas as condições de reinar e seria a prometida sucessora de seu pai.

Sobre o novo monarca, o diplomata francês conde de Baschi registrou: "ele não tem dinheiro, tampouco tropas ou navios, e, poderia mesmo acrescentar, não possui crédito nem recursos que o permitam obtê-lo, caso isso se faça necessário". O novo rei era um homem de "boa estatura, inclinado para a corpulência, de traços regulares, com olhar impaciente e vivo e com o hábito de manter a boca algo aberta". No reinado de d. José, Portugal mudou: o predomínio esmagador do mundo agrário e a dominação da aristocracia senhorial e eclesiástica, que seguiam apegadas a antigos valores e a antigas maneiras de pensar, foram confrontados. O oponente tinha um nome: o já mencionado Carvalho e Melo.

Pois, sob o governo desse secretário, os grupos que mantinham uma soma perigosa de poder começaram a ser perseguidos. O clero, por exemplo, passou a sofrer com crescente desprestígio. O país mergulhou numa crise mental, que residia na profunda oposição, já então evidente, entre duas visões de mundo: uma, católico-feudal, a outra, humanista-iluminista. Essas preocupações também refletiam dois aspectos distintos, mas interligados. Havia um debate intenso sobre questões filosóficas que exigia resposta imediata: liberalismo ou absolutismo? E existia um volume considerável de trabalhos acadêmicos sobre os diversos aspectos da política econômica do país e sobre o velho quebra-cabeça com que os dirigentes portugueses vinham defrontando-se desde o século XIV: como resolver o cruel dilema que consistia na obrigação de proteger os interesses nacionais perante a ameaça militar de inimigos vindos por terra, mas, ao mesmo tempo, ter presente a necessidade de conter os apetites comerciais de aliados ingleses cujo apoio nunca foi gratuito?

O medo de morrer em pecado, o ódio de certas facções da aristocracia pela burocracia emergente, a insegurança diante dos novos tempos que, junto com o iluminismo, chegavam a Portugal, tudo isso se misturava no dia a dia. A minúscula burguesia restrita ao comércio se sentia sufocada sob o peso da aristocracia, cujo poder foi reforçado pela expansão colonial e mercantil. Os incentivos à acumulação e ao investimento eram tão poucos que não havia ambiente para o surgimento de uma classe industrial empreendedora. Um Estado parasitário, aferrado ao mundo agrário e contra o racionalismo moderno, rejeitando as teorias mercantilistas em curso em outros países, retardava o desenvolvimento do reino. Atraso que o secretário Carvalho e Melo queria corrigir.

Nesse contexto, a primeira audiência oficial de Maria, agora reconhecida como princesa herdeira, foi um beija-mão ocorrido em 10 de agosto de 1751. A *Gazeta de Lisboa* destacou que, na ocasião, a princesa se apresentou elegante e graciosa. O jornal passou a acompanhar seus passos. Depois de dois anos, porém, soou um alerta. Uma edição deu destaque a certa moléstia, em 23 de agosto de 1753: "A princesa nossa senhora, já convalescida da sua grave doença, partiu, a semana passada, para o real sítio de Belém, em companhia da muito augusta rainha nossa senhora e das sereníssimas infantas suas irmãs, que vieram expressamente a Lisboa a buscá-la".

Não havia consenso sobre a doença que acometeu a princesa. Falava-se numa "febre inflamatória violenta". Os riscos foram aumentando, e os médicos estimaram que seria o fim: Maria estava condenada. Após seis sessões de sangria, a família pediu ao arcebispo que ministrasse a extrema-unção. Mas sua mãe, muito piedosa, mandou que se buscasse no convento da Graça a imagem de madeira de Jesus, Senhor dos Passos, e que a colocassem no quarto da princesa.

A subsequente melhora no estado de saúde da princesa foi creditada à imagem miraculosa, sobretudo pela jovem enferma. A edição de julho do jornal informava, "perante a alegria universal", que Maria estava "consideravelmente melhor". O embaixador britânico atribuiu sua recuperação a um médico alemão que, "descobrindo a natureza da enfermidade, propôs remédios próprios para as febres malignas e salvou a vida da amável princesa". Porém, a mística Maria nunca duvidou que tivesse sido o Senhor dos Passos a salvar-lhe a vida. Milagres aconteciam, sim.

2

De princesa a rainha, num castelo de... madeira

O ano de 1754 foi particularmente triste para a princesa em razão da morte de sua avó paterna, d. Maria Ana de Áustria. Com idade avançada e saúde frágil, ela veio a falecer em 14 de agosto, no Paço de Belém. O reino perdia a rainha que fundou conventos, construiu igrejas e se dedicou especialmente às crianças órfãs. Resignada ao abandono de d. João V, que teve várias amantes, deixou a imagem de esposa perfeita. Comentava-se pelos salões que ela reagiu com rigor ao assédio de d. Francisco Xavier, o duque de Beja. Ele fez uma corte descarada à rainha, que o repeliu com firmeza. Conforme havia solicitado em testamento, o coração de d. Maria Ana foi levado para Viena e enterrado na Cripta Imperial.

Outras tragédias se seguiram. Em 1755, Maria foi expectadora da mais devastadora catástrofe a se abater sobre o reino. Durante as celebrações da festa de Todos os Santos, no dia 1º de novembro, por volta das nove e meia da manhã, a terra rugiu e rasgou. Um terremoto tragou uma parte da cidade de Lisboa. Em minutos, desapareceu parte considerável da história que ali tivera lugar nos últimos cinquenta anos do reinado de d. João V. Não houve misericórdia: religiosos, nobres e plebeus, jovens e velhos morreram ou sofreram graves ferimentos. Logo a seguir, um maremoto se ergueu e engoliu a cidade baixa, levando consigo navios, comerciantes portugueses e estrangeiros, além de mercadorias. Depois da água, o fogo. Proveniente das velas acesas em celebração ao Dia de Todos os Santos e dos fornos acesos nas cozinhas, chamas infernais terminaram por destruir os imóveis.

Maria tinha 21 anos e nunca se esqueceria desse episódio. No momento do terremoto, encontrava-se com a família no Campo Real de Belém, quinta que seu pai adquirira, em 1726, do conde de Aveiras. Naquela região, o sismo não teve maiores desdobramentos. D. Mariana Vitória, em carta à mãe, contou que as filhas "estavam no oratório, mas logo vieram nos encontrar em nossos aposentos [...] apesar de o delas estar um pouco arruinado, elas nada sofreram, graças a Deus". Segundo uma testemunha, o inglês Thomas Chase, uma pedra teria roçado o pescoço da rainha quando ela veio descendo as escadas, mas ninguém se machucou. Embora não tenham ficado feridos, sentiram-se aterrorizados, pois viam, de longe, a fumaça da cidade em chamas. Viam também que o rio engolira casas, palácios, igrejas e a grandiosa Ópera de Lisboa, além de ter destruído o Paço da Ribeira, onde viviam. E onde estaria Deus nesse momento?

Abandonada por seus lacaios, e uma vez que não havia alimentos, a família real fez jejum de 24 horas. Segundo testemunhos, ao ver Lisboa completamente destruída e seus habitantes em farrapos, d. José "teria feito correr uma torrente de lágrimas; seus soluços acompanhavam-se de queixumes, os mais lamentosos, de expressões, as mais tocantes, encorajando, por piedosas exortações, a todos que o escutavam, que se resignassem à vontade do Céu".

Maria viu seu pai deixar atropeladamente o palácio, "pedindo a vozes misericórdia, abjurando seu domínio, confessando sua humildade, e fugiu para um monte próximo", contou um cronista. Essa fuga ou desabalada corrida teria acontecido depois que d. José convocou a presença de um missionário do convento de São Francisco de Sobreira. O rei pediu-lhe um sermão, que ouviu, junto com a mulher, Maria e os demais membros da família, com a boca colada à terra. Ao final da cerimônia, despojou-se de suas vestes, percorrendo, descalço, os caminhos à volta do palácio e tentando estimular "com seu exemplo os poucos que o notavam". D. José se penitenciava. Desarmado diante de um evento que não podia explicar, ele interpretava o aviso como uma promessa de punição divina. O medo do pecado se abateu sobre o rei: o terremoto fora um castigo. Lisboa se tornara Sodoma e Gomorra. Signos da justiça de Deus apareceram em toda a parte. O advento de espadas flamejantes nos céus da Alemanha, da França e da Suíça, as inundações no Danúbio e os tremores no Marrocos confirmavam. Não por acaso, Maria viu o pai expedir a ordem de expulsar todos os casais concubinários – leia-se "pecadores" – do país. Mesmo de pálpebras quase fechadas, Deus não perdia nada de errado que acontecia no mundo.

Chegavam notícias que descreviam um cenário do inferno: pedaços de corpos espalhados por toda a parte; gente esfarrapada e queimada procurando por água; ratos e cães famintos agarrados a corpos moribundos; um cheiro de carne corrupta colando-se a tudo. Uma onda de podridão sufocava Lisboa, enquanto corvos sobrevoavam as ruínas. Era o fim do mundo. Das profundezas da terra escapavam "miasmas e exalações infectas" capazes de matar por asfixia. Era preciso enterrar os corpos urgentemente. Mas como enterrar entre dez mil e quinze mil mortos? Decidiu-se por jogá-los ao mar, amarrados a pedras, contrariando a tradição de lhes dar uma sepultura. A ordem preocupava. Afinal, sem enterro, eles se tornariam almas errantes. Iam transmutar-se em espíritos das tempestades. Conheceriam o inferno antes do fim do mundo. Assombrariam os vivos.

Durante três dias, enquanto a cidade ainda queimava, os roubos e os assassinatos foram frequentes. Os sacrilégios também, uma vez que "os insolentes temerários" não faziam cerimônia em furtar as ricas sacristias dos templos lisboetas. Grupos de bandidos roubavam e estupravam quem cruzasse seu caminho. Desertores percorriam o que sobrara das casas, arrancando das pedras e paus tudo o que pudesse ser vendido. Os famintos ameaçavam atacar os que porventura tivessem qualquer alimento, de forma que esse era sempre consumido às escondidas. O rumor de assaltos e roubos em toda a parte criava um clima de total insegurança entre os sobreviventes. Os relatos dão conta da revolta dos moradores.

Medo, medo, medo. No dia 4 de novembro, em correspondência com a rainha sua mãe, d. Mariana Vitória contou detalhes do episódio:

> Corri para fora com a maior dificuldade, pois mal conseguia ficar de pé, tamanho o meu pavor, (saí) pela escadaria árabe onde, certamente, sem a ajuda de Deus, teria quebrado a cabeça ou as pernas... Estava apavorada, pois acreditava que minha última hora tinha chegado. O rei veio ter comigo mais tarde, pois ele tinha fugido para outro lado. Minhas filhas ficaram no oratório e vieram, depois, nos encontrar [...] Depois disso estamos em tendas no jardim... Se Deus tiver piedade de nós, estamos salvos, e que ele seja louvado mil vezes. Há desgraças terríveis e a desolação é universal. Peço-lhe, muito humildemente, que reze a Deus para que continue a nos acordar misericórdia e nos preserve se essa for Sua vontade.

A família passou o dia seguinte ao terremoto dentro de carroças, em tendas ou numa parte escorada do palácio. "Sem perda de tempo", relatou o comerciante francês Jacome Ratton, foi construído um "alojamento para o Soberano, e mais Pessoas Reais, em barracas de madeira, no alto da N. Sra. da Ajuda, barracas que continuarão a servir de Palácio". O real barracamento coroava a colina do lado direito do mosteiro dos frades Jerônimos. Um amontoado de cabanas e pavilhões formava a corte de Portugal. Uma corte aterrorizada.

No dia 11 de novembro, em outra carta à mãe, a rainha voltava à carga e relatava o temor de todos os moradores do palácio: voltar a viver entre paredes tão abaladas. Confirmou estarem sob tendas, vulneráveis ao frio da noite, e referia-se ao "pavor medonho" de ter vivido outros sacolejes sísmicos. Informava ainda que retirara das ruínas e do fogo todo o seu dinheiro "graças a Deus; sem isso estaríamos numa grande miséria, sem poder aliviar tantos infelizes que tudo perderam".

No domingo, uma procissão a Nossa Senhora das Necessidades, a que todos os cortesãos compareceram a pé, confirmava a desesperada necessidade de segurança. Era urgente a presença de um rito tranquilizador. Aterrorizados, pobres e ricos, cortesãos e plebeus tentavam amansar os céus com o clamor de suas penitências. A imagem do manto protetor de Nossa Senhora, acrescida das armas espirituais de praxe, escapulários, orações e penitências, sublinhava o temor de perecer em meio ao fatalismo e à insegurança: "espero que ela interceda por nós, junto a seu Filho", gemia a aterrada rainha. O Deus vingador que destruíra Sodoma e Gomorra demonstrava mais uma vez a sua cólera perante os pecados dos homens. A Europa recordava a orgulhosa Lisboa que dominara o comércio mundial e via-se agora castigada pelo mau uso que fizera de sua riqueza. Carvalho e Melo tentou proibir, com o cardeal, as "exortações públicas". Não queria flagelantes se açoitando pelas ruas até ficarem cobertos de sangue. Não queria interpretações místicas. Em vão.

A rainha e suas filhas se puseram a coser roupas para cobrir os doentes. "Santas princesas, que inspiraram as senhoras da corte em tão piedoso exercício", exclamava um cronista. Segundo documentos, "o povo ficou gelado e estúpido de espanto. Julgaram uns que o castigo fosse particular da sua pessoa ou da sua família e quedaram-se de joelhos, mãos cruzadas no peito, cabeça inclinada como réus num patíbulo". Maria confirmou: os castigos divinos existiam de fato. E eles serviam a um objetivo: Deus recompensava os sofrimentos com novos suplícios, para tornar o fiel ainda mais digno de salvação. Quantos não pecavam em Lisboa? Temor e tremor marcavam um tempo em que as pessoas mergulharam na culpa e na vergonha. E se as catástrofes aconteciam era porque os homens tinham desobedecido à ordem divina. Essas punições eram o anúncio do que viria no fim dos tempos – pregavam os padres.

Mais tarde, um viajante estrangeiro diria que o horror do terremoto tinha afetado tão profundamente d. José que este decidira viver para sempre nas ditas tendas, pelo receio de ficar soterrado em edifícios de pedra. Construído em 1761, o "Paço de Madeira", segundo a descrição de Baretti, outro estrangeiro que viveu em Lisboa, era constituído por "uma casa de madeira [...] forrada por dentro de sarja escarlate com franjas e galões, não de ouro, mas de ouropel, mesquinhez mal entendida por não estar em relação com todo o mais aparato". J. B. Carrère, viajante francês, foi ainda mais crítico e escreveu, sem constrangimento, que "Portugal tem um rei, mas este rei é um rei sem palácio".

***

Após a destruição do suntuoso Paço da Ribeira, onde Maria cresceu, a família passou a residir na chamada Real Barraca, também conhecida como Paço de Madeira. Já a corte se estabeleceu na Quinta de Cima, uma das três quintas adquiridas por d. João V, na zona de Belém-Ajuda. Desenhada pelo arquiteto italiano Bibbiena, o mesmo que projetara a desaparecida Ópera do Tejo, a Real Barraca tinha apenas as partes inferiores em alvenaria e seria, doravante, a residência oficial durante três décadas. De lá, d. Mariana escreveu à mãe, Isabel Farnésio, comentando a solidariedade de outras cabeças coroadas: "Recebi duas cartas dos reis de França e Inglaterra, muito dispostos a ajudar no funesto acontecimento; a primeira é de seu próprio punho, a segunda envia ao rei [d. José] um grande presente em víveres e instrumentos para revolver a terra".

Instalado agora nessa periferia geográfica e política, o rei abandonaria o relativo desejo de governar que havia caracterizado o início do seu reinado e entregaria ao secretário Carvalho e Melo a árdua tarefa de reerguer um país assolado por uma catástrofe natural de grande dimensão. Juntava-se a isso uma situação econômica que começava a se tornar muito desfavorável por conta da antiga dependência do estrangeiro e da crise do ouro do Brasil, entre outras adversidades.

Com o entusiasmo natural de quem acredita que "depois do fenômeno uma nova claridade se derramou sobre os espíritos", o futuro marquês de Pombal aceitou a tarefa com o mesmo pragmatismo de quando tomou a pronta decisão de "enterrar os mortos e cuidar dos vivos". O conde de Stahremberg, enviado extraordinário da Áustria, também corroborou essa ideia, quando escreveu que o rei passara a dedicar grande parte do seu "tempo na caça, em cavalgadas, jogo, concertos", enquanto seu ambicioso ministro ficava "inteiramente senhor do poder". Assim, "d. José I e a rainha d. Mariana Vitória de Bourbon, sua mulher, poderão dedicar-se àquelas atividades lúdicas que tanto apreciam e que viriam a constituir, afinal, a marca do seu reinado", concluía.

Sebastião José de Carvalho e Melo – que mais tarde, em 1770, receberia o título de marquês de Pombal – soube, sem sombra de dúvida, trabalhar na adversidade para transformar o reino luso. Pois, com parte do Estado aniquilado pelo terremoto, procurou restabelecê-lo em moldes diferentes. Usou a hecatombe como ponto de partida não apenas para a construção de uma nova cidade, como também para a instauração de uma nova ordem política. Diante do caos provocado pelo terremoto, Carvalho e Melo chamou a si o poder de intervir na vida social para promover o que considerou ser o interesse nacional, misturando, de forma eclética, ideias vindas de fora e inovações na condução dos negócios da Coroa portuguesa. O período que vai de 1755 a 1760 foi marcado pela crescente influência de Carvalho e Melo sobre d. José. A política adotada pelo ministro voltou-se para o fortalecimento da economia colonial. Mas seu plano ambicioso buscava proteger também os interesses nacionais, por isso a fundação, entre 1751 e 1774, de trinta fábricas para a diminuição da importação tanto de produtos quanto de matérias-primas estrangeiras.

Enquanto Carvalho e Melo administrava o reino, os membros da corte liam escritos sacros e profanos, analisando as causas morais e naturais do acidente. Choviam interpretações religiosas. A da madre sóror Joana Maria Angélica Medurgis, religiosa que se dizia inspirada por São João Batista, professa da Ordem Seráfica do convento de Santana, frequentado por Maria, explicava: a ruína de Lisboa devia-se à ambição de seus moradores, especialmente no que se referia ao comércio com estrángeiros, "pestilento veneno"; a seguir, ao luxo das mulheres, que atiçava a ira divina. Elas teriam deixado de usar os mantos que as cobriam com decência. Sem contar as óperas e bailes que teriam provocado "o chicote de Deus".

No Brasil, o terror tomou conta dos colonos. Passageiros chegados recentemente do reino, testemunhas da tragédia, traziam notícias terríveis. Os bispos mobilizavam os fiéis para rezar pela alma dos pecadores. Lisboa converteu-se em "Babilônia dos vícios", e d. Antônio do Desterro, bispo do Rio de Janeiro, ordenou três dias de procissão e preces públicas, pedindo a Deus que os poupasse da ira de Deus e os perdoasse dos execráveis pecados que cometiam. Assim, o clero do Rio de Janeiro, temendo pelas execuções da justiça divina, apresentou-se em procissão "com alvas, coroas de espinhos nas cabeças, com cordas ao pescoço, e cingidos com as mesmas mãos cruzadas, e pés descalços". Um padre enumerava os pecados da metrópole: vaidade e luxo das mulheres, pouco recato das filhas, "vícios, e solturas dos escravos", mas também a tirania com que eram tratados. Não faltavam motivos de culpa. Nos primeiros dias depois da notícia do terremoto, todos na cidade portuguesa haviam dado demonstrações devotas, porém, muito rapidamente, tudo tinha voltado ao normal. Não houve, na opinião do padre, um arrependimento verdadeiro.

Ainda no Rio de Janeiro, um folheto que circulava, escrito pelo padre Antônio Pereira da Câmara, perguntava: por que logo Lisboa, tão pia, tão penitente, foi escolhida para receber o castigo divino – e com tanta severidade? E também respondia: "bem poderá ser que o tenha Deus assim permitido por ser corte de um reino que é a menina de seus olhos [...]. E sempre Deus teve por glorioso timbre da sua divina bondade, e por demonstração evidente do seu amor infinito, castigar aos que ama". Padre Câmara batia na mesma tecla que se ouvia em Lisboa: Deus, em sua eterna sabedoria, castigava os que mais amava. Segundo o padre, para levar seus habitantes à salvação, antes que fosse tarde, Deus tinha feito Lisboa tremer, arder nas chamas do incêndio e submergir nas águas de uma onda gigante.

O castigo poderia atravessar o Atlântico? Sim, segundo a mística Rosa Maria Egipcíaca de Vera Cruz, que, nos sertões de Minas Gerais, ameaçava: "os sinais do castigo já têm aparecido de noite e de dia. O castigo é certo se Deus não ouvir os justos. [...] Esta hora é de penitência e não de regalo. Depois não me digam que os enganei!".

Contra os primeiros raios do Iluminismo que, a duras penas, convergiam para Portugal, ergueu-se uma reação mística. Mergulhada em confusão entre o advento de ideias iluministas vindas de fora e os costumes transmitidos de geração em geração, a população reagiu. Enxotava ideias ateístas e criticava a fuga da moral e dos valores ancestrais. Nos conventos e salões circulavam obras de cunho religioso, vidas de santos, obras litúrgicas e narrativas sobre milagres e heroísmo cristãos. Todos, inclusive Maria, rezavam diante de quadros de santos mártires, mutilados e ensanguentados. As autoridades da Igreja aproveitaram para se lançar numa batalha pela preservação de valores tradicionais. Em breve, Maria se tornaria a ponta de lança dessa luta.

Não havia se passado um ano do terremoto quando se espalhou, pela corte e pelos subúrbios de Lisboa, uma profecia: Lisboa seria engolida pelo rio Tejo. A notícia se alastrou rapidamente: a cidade seria varrida por novo terremoto e, quarenta dias depois, "uma desgraça", "uma memorável infelicidade". Seria o dia do Juízo Final! O clima era de pânico incontrolável. Buscavam-se explicações onde elas não existiam. Lisboa mergulhava em missas, terços e confissões. Dia e noite, de portas abertas, as igrejas expunham suas mais belas e sangrentas imagens sacras. Inúmeras publicações pediam a proteção de anjos e santos em momentos de catástrofe. Multiplicou-se a impressão de *Cédulas milagrosas da gloriosa virgem e santa mártir santa Águeda*, que, salpicadas com água benta, eram afixadas nas portas das casas, para proteção. Em todo o reino havia um grave sentimento de religiosidade. D. José, ao assumir o trono, já não havia encontrado sinais de mau agouro? O incêndio no Hospital Real de Todos os Santos, um tempo depois do terremoto, não havia sido um sinal? Os pequenos tremores que ainda abalavam a região nutriam o sentimento religioso que via aí sinais divinos. Carvalho e Melo agiu para calar "os espíritos sediciosos". Mas o povo pio, ao contrário, acreditou.

Os tais espíritos sediciosos existiam e, embora não tenham sido acusados e punidos, tinham como objetivo derrubar Carvalho e Melo do poder. Eles eram membros da velha aristocracia, nomes como Lafões, Aveiro, Anjeja e Marialva. Novamente, a corte se encheu de murmurações. Maria assistiu ao pai ser cercado por frades barbadinhos, responsáveis por várias prédicas sobre o "fim do mundo", tentando convencê-lo de que o secretário não era confiável. Ela também ouvia os rumores de que os jesuítas iriam perder o posto de confessores da família real. A ordem religiosa já se preocupava com seu futuro destino nas mãos de Carvalho e Melo.

Um desses jesuítas, o italiano Gabriel Malagrida, conhecido por percorrer as estradas com a fronte coroada de espinhos, uma corda no pescoço e um crucifixo à mão, assinou um panfleto intitulado *As verdadeiras causas do terremoto*. Considerado santo e, por isso, em contato com anjos e outros santos, padre Malagrida explicava: foi tudo culpa dos pecadores! "Deus estava irado pelos pecados do reino e muito mais de Lisboa"! A conjunção dos fatos acontecidos com o que dizia o milagreiro traumatizava a opinião pública. Carvalho e Melo temia as reações do povo. Embora Malagrida tivesse oferecido uma cópia de seu panfleto ao rei e ao seu ministro, foi degredado para Setúbal. Houve consternação na corte, onde ele era admirado e tinha entre seus amigos o irmão do rei, d. Pedro, e também a princesa Maria.

***

Mais ou menos na mesma época, quando Maria já era moça feita, sua vida foi marcada por outro trauma. Ela ouvia as maledicências que então enchiam os salões e que escorriam para as cozinhas e cavalariças, e daí para as ruas e praças. Pelos corredores, os murmúrios escorriam leves, discretos, enraivecidos ou injuriosos: d. José tinha uma amante e não a escondia mais. Corriam boatos de que Carvalho e Melo favorecia os amores proibidos. Eram os "pecados do reino". A felicidade cúmplice que outrora existira entre o rei e sua esposa, d. Mariana, havia desvanecido. Ela tinha se tornado extremamente ciumenta. Chegara até mesmo a proibir as criadas de servir à mesa do rei.

A favorita era uma jovem marquesa, Teresa de Távora e Lorena. Uma beldade morena de formas arredondadas que só aumentariam com os anos. Irmã mais nova do marquês de Távora, Teresa era casada com seu sobrinho, o também jovem marquês Luis Bernardo. Com a "marquesa moça", como era chamada, d. José perdera-se de amores, não se escondendo mais ao trocarem olhares. Aos poucos, também, não escondia mais seus encontros. Tudo isso chocava a corte e o povo devoto, pois arruinava os esforços da Igreja para defender a instituição do matrimônio. O Concílio de Trento, realizado no século XVI como uma reação à reforma protestante, condenava severamente o adultério. Pior: a decadência moral do rei podia levar à decadência do reino. Um monarca que se deixasse levar por paixões faltava às suas responsabilidades, delegava o exercício do poder a pessoas indignas e fazia pouco da decência.

O marquês Luís Bernardo havia se mudado para a Índia em 1750 com os pais, d. Francisco de Assis e d. Leonor Tomásia, marqueses de Távora, pois d. Francisco, estrategista e militar, assumira o cargo de vice-rei naquela região. Permaneceram no Oriente por quatro anos, e deixaram Teresa em Portugal. Ao regressarem a Lisboa, os Távora receberam a terrível notícia: uma infidelidade!

Os Távora eram profundamente católicos e ciosos de seu sangue e nobreza. A traição pública feria seus intensos princípios religiosos, além de desonrar o nome da Casa e da família. À vergonha pela desonra se somava a culpa pelas ofensas a Deus. E se de tal relação pecaminosa viesse a nascer um filho de um nome que não era o seu? A exigência de decoro entre os Távora era lei. Reagiram. Começaram consultando canonistas e teólogos. Depois, encaminharam ao papa um pedido de anulação canônica do casamento, exigindo a interdição da coabitação dos esposos. Todos os cortesãos acompanhavam o escândalo.

D. José deu o troco e tentou impedir, de todas as maneiras, ambas as decisões. Afinal, a separação exporia a situação escandalosa da relação duplamente adúltera. O rei tentou até comprar o silêncio do velho casal Távora com generosos favores, o que resultou numa explosão por parte de d. Leonor, que, esquecida de etiquetas e respeitos, lançou palavras exaltadas ao monarca. A mal contida ira da velha marquesa deu frutos. Nunca mais d. José lhes dirigiria a palavra em público, mesmo por ocasião de cerimônias de Estado, políticas ou religiosas. Pior, mandou substituir pai e filho – que desde que voltaram a Portugal eram camaristas de d. Pedro, seu irmão mais novo – por outros fidalgos. Entre os cortesãos, o gosto pelas maledicências e a curiosidade pública inchavam as informações: seriam verdadeiras ou falsas? A história seria segredo ou realidade, possível ou inverificável? Alimentado por pequenas traições, o clima era sufocante.

Maria e sua mãe sempre haviam sido muito ligadas à velha marquesa, d. Leonor, e sua filha, a marquesa de Autoguia, que frequentavam costumeiramente seus aposentos, no Paço. Muito caridosas, assim como Maria e d. Mariana, elas também, mãe e filha, alternavam as recepções e cerimônias no Paço com os cuidados aos doentes no Hospital Real de Todos os Santos, onde eram vistas nas mais rudes tarefas, vestindo túnicas de estamenha. Durante a ausência dos Távora, corria maldosamente o rumor de que membros da família seriam coniventes com o triângulo amoroso, tirando disso favores e vantagens. É possível que d. Mariana Vitória tenha se deixado envenenar por tais rumores, ferida que estava por ciúmes e pela traição do marido. Certa feita, ao ouvir do marquês de Távora, irmão da amante do rei, que d. José cavalgava com elegância, respondeu-lhe: "É verdade que o rei monta bem, mas creia que monta melhor quando está com vossa irmã". O ressentimento, porém, não durou. Sua confiança na família seguiu intocada, assim como a de Maria. Mas o escândalo já tinha se tornado público.

Quatro anos depois, a 3 de setembro de 1758, d. José sofreu uma tentativa de assassinato enquanto voltava da casa de Teresa. O encontro foi agravado devido à situação, pois o próprio d. José havia estabelecido luto oficial pela morte de sua irmã, Maria Bárbara, rainha da Espanha, alguns dias antes. Segundo a etiqueta, ele não poderia ter se ausentado do palácio. Para disfarçar a saída, não utilizou nem carruagem nem escolta reais. Às onze e meia da noite, numa estrada que subia o rio, alguns mascarados abriram fogo de pistolas e clavina sobre a sege onde ia o rei. O cocheiro lançou os cavalos a galope, mas não conseguiu evitar que dois mascarados a cavalo se aproximassem da carruagem desfechando tiros na parte traseira. As balas atravessaram as madeiras e feriram o soberano no ombro e no braço direito. Operado pelo cirurgião-mór do reino, o episódio ficou em segredo. Mas a "doença" que mantinha o rei afastado da corte vazou pelos próprios criados da Câmara Real.

Por seu lado, a rainha, Maria e d. Pedro não esconderam os fatos de seus amigos, os marqueses de Távora. Em outubro, toda a capital sabia o que tinha acontecido. Corriam as mais desencontradas versões do ocorrido. E vozes foram induzidas a dar uma versão: o atentado havia sido coisa dos membros da família Távora, do duque de Aveiro e do conde de Atouguia. Maria, na condição de herdeira do trono, preocupava-se enormemente com o que se passava na corte e sofria com o que percebia que Carvalho e Melo poderia fazer. Ele tramou então o que passaria à história como "infame crime de regicídio e de alta traição à Coroa e ao povo". Deram-se as mãos nesse episódio o desejo de vingança de d. José e a vontade de Carvalho e Melo de eliminar a aristocracia que resistia às mudanças políticas e econômicas de seu projeto reformista. O ministro quebrava, assim, a espinha dos grandes chefes das mais importantes casas, que iam perdendo a tradicional independência, sujeitos a manterem, pelo menos na aparência, subserviência ao rei. Em três meses, concluído o processo, foi promulgada a sentença: todos condenados à morte da maneira mais cruel possível. Inclusive as crianças. A sentença foi assinada em 12 de janeiro de 1759 e comunicada aos réus. Graças aos pedidos de d. Mariana e de Maria, d. José suspendeu finalmente a pena dos pequeninos. Mas Carvalho e Melo triunfou sobre a grande nobreza que o detestava.

Ele aproveitou a ocasião para dominar também o clero, aprisionando o bispo-conde de Coimbra, frei Miguel da Anunciação, e lançando o mais violento ataque à Ordem dos Inacianos, uma das mais poderosas e ricas do reino e no ultramar. A despeito das características jurídicas do Antigo Regime, o ministro incorreu numa série de absurdos, como a inclusão dos jesuítas como cúmplices e mentores intelectuais do crime. As testemunhas de defesa sequer foram ouvidas. Tratou-se de um julgamento sumário, apressado e grosseiro. Após três meses de uma investigação mantida em sigilo, os Távora foram irrevogavelmente acusados de regicídio.

Foi indiciado como mentor do atentado o duque de Aveiro, d. José da Silva Mascarenhas e Lencastre, cunhado da amante do rei e maior representante da oposição ao ministro. Já idosa, d. Leonor foi retirada de casa com a roupa do corpo e jogada, incomunicável, numa cela do convento das Grilas. Na época, uma menina chamada d. Leonor de Almeida Portugal, então com 8 anos, foi encarcerada no convento de Chelas, junto com a irmã e a mãe. Ela só escapou da morte graças aos pedidos insistentes que Maria e sua mãe fizeram ao pai. Embora tenha ficado na prisão por dezoito anos, Leonor retribuiria com gratidão, como veremos mais à frente. Enquanto ordens eram expedidas aos corpos policiais para invadir palácios e casas, d. Mariana Vitória e Maria imploravam graças para as crianças e para a marquesa d. Leonor, a quem não queriam ver torturada. Sua pena, então, foi suavizada. O carrasco se limitaria a cortar sua cabeça com o alfanje e, depois de expô-la ao povo, a queimaria, jogando as cinzas ao mar, junto com as do marido e do cunhado.

Não satisfeito, Carvalho e Melo fez prender também todos os membros da família dos marqueses de Távora e os primos destes, os marqueses de Alorna, os condes de Alvor e os condes de Autoguia. O padre jesuíta Gabriel Malagrida, confessor da marquesa-mãe de Távora e reconhecido crítico do ministro, a quem apelidou de anti-cristo, também foi encarcerado. As provas da condenação eram frágeis: segundo a acusação, apenas os Távora e seus familiares conheciam o trajeto feito por d. José naquele dia.

A família ficou em celas de sete passos, escuras, frias, e onde passavam canos abertos de esgoto. Os homens, jovens ou velhos, foram barbaramente torturados e coagidos a confessar crimes que nunca cometeram. Os doentes foram maltratados propositalmente por suas carcereiras, à exceção das "pretas", que lhes demonstravam compaixão. Da prisão de Junqueira, sairiam mortos-vivos, para o espetáculo do cadafalso.

No Largo do Cais Grande foi erguido o amplo patíbulo, ao qual se subia por meio de uma escada. Ali se dispuseram os postes, as rodas, as aspas e todos os demais apetrechos para o suplício dos condenados. Na entrada do dito cais, repousava uma larga embarcação, carregada de lenha e barricas de betume. Tropas vedavam o acesso ao Largo de

Belém. Um grande aparato policial parecia demonstrar que o rei e seu ministro temiam uma reação popular. Sob chuva, chegaram as tropas e os corregedores. Encharcado, chegava, em grupos, o povo miúdo. Às seis da manhã do dia 13, largou do Pátio dos Bichos uma companhia de soldados de infantaria e uma escolta de juízes. Numa cadeirinha, ladeada por dois frades, estava a amiga de Maria e de d. Mariana Vitória: a marquesa de Távora, com a mesma roupa com que fora presa há mais de um mês.

No descampado próximo à torre de Belém, Maria assistiu junto com os membros da corte e o povo a um espetáculo de um sadismo sem igual: a pena e mutilação até a morte de amigos com quem até então convivia. O massacre estendeu-se ao longo de um dia, com dezoito mortos. Primeiro, subiu ao cadafalso a velha marquesa, d. Leonor, a quem o carrasco mostrou os instrumentos de suplício aos quais seriam submetidos seu marido, seus filhos e seu genro. A seguir, a fidalga teve os olhos vedados, as pernas amarradas e, antes de ser decapitada, murmurou a frase que a história conservaria: "Deus permita que saibam todos morrer como quem são".

Seguiram-se os jovens Távora e o conde de Autoguia: tiveram braços e pernas partidos, o tórax esmagado na roda, e, por fim, foram estrangulados. Maria ouviu seus uivos de dor e o som dos ossos sendo quebrados. Viu seus corpos esfolados vivos e a fumaça produzida por tenazes ardentes. Coberto de sangue e mal conseguindo andar de tanto que fora torturado, o velho marquês também foi içado ao patíbulo para sofrer as mesmas barbáries. Todos duplamente desonrados, pelo adultério na família e pela morte que tiveram. O cheiro de sangue no ar e as imagens bárbaras impressionavam o povo, que, comovido e abalado, não ousava virar o rosto ao castigo exemplar que lhes impunha seu rei. Por fim, subiu ao patíbulo o homem que, supostamente, disparara contra d. José. Untaram-lhe o corpo com pez. Em volta do pescoço colocaram enxofre. Um anel de ferro apertou-lhe a cintura quando lhe atearam fogo. Assou lentamente por conta do vento que soprava. Os corpos foram depois colocados em uma balsa, onde arderam sobre toras de lenha, para suas cinzas serem finalmente jogadas no Tejo.

A amante do rei, de 35 anos, foi encerrada no convento das Trinitárias, assim como as outras mulheres da família distribuídas em outros monastérios. Enquanto Teresa era protegida e recebia uma pensão vitalícia do rei, as outras Távora tinham que mendigar para se vestir e comer. O chão onde se deu a execução dos Távora foi salgado, para que ali nada mais nascesse, e passou a se chamar, em Belém, o Beco do Chão Salgado. D. José ainda deu ordens para que se destruíssem todas as casas e palácios dos Aveiro e dos Távora e que se extinguissem seus brasões. Mandou inscrever nos escombros do Palácio de Aveiro em Belém:

> Aqui foram as casas arrasadas e salgadas de José Mascarenhas, exautorado das honras de duque de Aveiro e outras, e condenado por sentença proferida na suprema Junta da Inconfidência em 12 de janeiro de 1759, justiçado como um dos chefes do bárbaro e execrando desacato que na noite de 3 de setembro de 1758 se havia cometido contra a real e sagrada pessoa de el-rei Nosso Senhor d. José I. Neste terreno infame não se poderá edificar em tempo algum.

Historiadores informam que, desde esse acontecimento, a figura do pai se tornou insuportável para Maria. Se, por um lado, seu adultério e sua desumanidade a horrorizavam, por outro, Maria lhe devia lealdade de filha e de soberana sucessora. Mas as dúvidas atormentavam a jovem mulher: quem teria tentado matá-lo? O ministro Carvalho e Melo, para acabar com a oposição da velha aristocracia? Sua própria mãe, cega de ciúme? O duque de Aveiro, que queria ver d. Pedro no trono? Ou teria sido uma trama do próprio d. José para satisfazer seu ministro e aplacar a enciumada esposa?

Já d. José, intoxicado pelas informações artificiosas de seu ministro, passou a desconfiar de todos que o cercavam, temendo os vassalos de mais alta posição e receando até mesmo a própria esposa, julgando que d. Mariana poderia ter sido contaminada por sugestões regicidas de seus irmãos. Tornou-se, então, intratável com a esposa, a filha e o irmão, enchendo os aposentos com armas de fogo para se defender de supostos inimigos. Sua desconfiança chegou a ponto de aparecer em público metido numa grade para se resguardar de novos atentados.

Na sequência, o padre Timóteo de Oliveira, jesuíta confessor de Maria, foi preso e enviado para o Forte da Junqueira, a 11 de janeiro de 1759, onde seria mantido até a morte do rei, em 1777. Depois de terem assistido, horrorizadas, ao massacre dos Távora, Maria e suas irmãs choraram com muita tristeza a injusta partida do confessor. Ao longo do cruel processo, Maria viveu momentos de profunda angústia diante de tamanha maldade. O ministro Carvalho e Melo reuniu assim todas as razões para ser detestado por ela. Depois de libertado de longo cativeiro, padre Timóteo explicou: fora preso por ser apenas "um inocente e fiel vassalo".

Além de eliminar os membros da aristocracia, o futuro marquês de Pombal moveu uma luta sem peias contra os jesuítas, cuja ordem ligava-se intimamente à corte e à família Távora. Começou por executar em praça pública o padre Gabriel Malagrida, que rezara à cabeceira de d. João V e que acusava a política do ministro de ter causado o terremoto. Quando exilado, Malagrida recebera visitas de inúmeros aristocratas que o acreditavam santo e ficavam à espera de novas profecias. Maria a tudo acompanhava. O velho jesuíta, preso pelo irmão do ministro, Paulo de Carvalho de Mendonça, inquisidor-mor, nos cárceres da Inquisição, tinha pedido uma audiência aos inquisidores. Ao ser atendido, declarou que Deus lhe ordenara anunciar a morte do rei d. José. Acrescentou ter tido uma visão na qual a alma do rei era condenada a penas, pelos pecados cometidos neste mundo – entre outros, o de ter perseguido os religiosos de sua ordem. Foi o que bastou. A sentença de morte condenou-o como herege e inventor de erros heréticos! Malagrida seguiu insistindo que conversara pessoalmente com Santo Inácio, São Francisco de Bórgia e São Felipe Néri. De nada adiantou. Por que queimar um louco? Essa foi a pergunta que muitos se fizeram. Maria, porém, nunca esqueceu as visões de Malagrida.

A execução pública – que, mais uma vez, fez Maria tremer – foi a última realizada em praça pública em Lisboa. Degradante, o espetáculo atraiu um número enorme de pessoas, que a todo instante esperavam um milagre, em virtude da fama de santo que tinha o jesuíta. Às vistas de um Rossio abarrotado, o velho pregador foi barbaramente estrangulado e queimado. Suas cinzas foram dispersas ao vento, pois as execuções da Inquisição não podiam implicar em derramamento de sangue. Novo choque para a piedosa princesa. O horror da cena foi criticado até na França, por Voltaire.

***

Enquanto Lisboa se erguia dos escombros, dando a ver uma cidade notável pela regularidade de seus edifícios e pela beleza de suas novas ruas e praças, Maria fugiu dos pretendentes estrangeiros e, por ordem paterna, casou-se com um parente próximo. Tinha 26 anos. O marido era o tio. Aos 43 anos, d. Pedro Clemente Francisco José Antonio, que fora um belo jovem, mas ganhara peso e um queixo duplo, tinha pouca vaidade. Ele sempre fora o filho favorito de d. João V, o que causava ciúmes no irmão e rei, d. José. E não sem razão. Quando jovem, d. Pedro era mimado e protegido pelo pai, enquanto o primogênito era tratado muitas vezes com desconsideração. Quando d. José subiu ao trono, correu na corte o murmurinho, alimentado pelo ministro Carvalho e Melo, de que d. Pedro tramava contra ele. O rei não teve dúvidas e enviou o irmão para Queluz, com ordens de não deixar o palácio. Intercederam por ele a rainha e sua filha, ambas empenhadas na aliança que viria depois. D. Pedro pôde, então, retornar no meio do caminho.

Maria acolheu o pedido de casamento com entusiasmo. Despida de ambição pessoal, ela se abandonou aos desígnios da divina providência. Além disso, o marido em cujos braços cairia estava longe de ser um homem repugnante ou um libertino. E, por seu lado, d. Pedro só podia ser grato a essa jovem que lhe revelaria prazeres castos e lhe devotaria sincera ternura. O casamento implicava em deveres, em constância, em devotamento mútuo, em honra. Era considerado um conforto feito de felicidade doméstica e de hábitos compartilhados. Eles o viveriam com serenidade e foram, desde o início, muito unidos.

Mas havia outra razão para esse enlace com o tio. Desde o século XII, as chamadas Leis de Lamego, que alguns acusavam de falsas, exigiam que a futura rainha se casasse com um português nobre, que só poderia chamar-se rei depois do nascimento de filho varão e que sempre andaria à esquerda da rainha, sem nunca pôr a coroa na cabeça. E qual a razão disso? "Para que o reino não venha a estranhos [...]; porque nunca queremos que nosso reino saia fora das mãos dos portugueses, que com seu valor nos fizeram rei sem ajuda alheia, mostrando nisto sua fortaleza, e derramando seu sangue."

O matrimônio foi celebrado com entusiasmo em todo o país. D. Mariana nunca escondeu o quanto queria bem ao futuro genro. Em carta familiar, registrou sobre o casamento: "Por mim, tenho grande prazer, pois o jovem é muito amável e eu gosto muito dele, que tem comigo todas as atenções do mundo". Razões dinásticas, mas, sobretudo, a afinidade com assuntos religiosos, uniriam Maria e Pedro. Uma serena comunhão de ideias e a apreciação comum de várias coisas ligavam o casal. Um magistrado contou em suas *Memórias particulares*:

> [...] no dia 10 de junho pela uma hora da noite se ouviram repicar arrebatadamente os sinos da capela do paço [...] saiu a gente de suas casas, viu-se as janelas iluminadas [...] na Sé entra-se a repicar e finalmente pelas duas horas não havia torre nem sino na cidade sem fazer as mesmas demonstrações [...] Essa boa nova alegrou o povo. Junta-se para o campo dos touros; vem logo os tambores, as charamelas e uns antigos instrumentos chamados atabales com suas roucas trombetas [...] e fazem todos uma

confusa algazarra de júbilo e alegria. Ilumina-se a cidade, há foguetes, há outeiro de poetas e assim se passa toda a noite.

Na cidade de Braga, por exemplo, os aplausos incluíram uma procissão onde carros alegóricos desfilavam exibindo uma figura vestida de África, trazendo nas mãos um molho de espigas, signo de abundância e fertilidade, acompanhada de um negro com uma aljava e um arco, levando um elefante. Outra figura, coroada de flores, representava a América, trazendo um touro a seus pés. "Um rei preto e a rainha, acompanhados de muitos pretos, cobertos somente as precisas partes do corpo de vistosas penas de aves, com arcos e flechas, formando seus engraçados e sinceros bailes", mostravam a participação das colônias e de seus habitantes no feliz casamento.

A notícia dos desponsórios chegou ao Rio de Janeiro através de uma carta régia dirigida ao governador Gomes Freire de Andrade, que a anunciou ao Senado, repassando a informação a todas as Câmaras da capitania. Os "felicíssimos desponsórios" foram então comemorados na cidade do Rio com um tríduo solene de missas na catedral; três dias de luminárias "com raras e vistosas formas"; espetáculos de touros e cavalhadas durante seis dias, realizados pelos diversos ofícios mecânicos, ou seja, tanoeiros, marceneiros, sapateiros; ópera pública por três noites; espetáculo de fogos de artifício; e outros eventos. Ao final das festas, o governador enviou uma carta ao secretário de Estado em Lisboa, relatando os acontecimentos e reiterando a fidelidade dos vassalos a d. José.

O infante d. Pedro, agora príncipe consorte do Brasil, era Senhor da Casa do Infantado, uma antiga instituição de posses do segundo filho do rei português. Dentre as quintas da Casa do Infantado, havia a de Queluz, nos arredores de Lisboa. Ali foram morar, alegres, amigos, rindo e rezando, os recém-casados, que se gostavam muito. Viviam em "suave harmonia", segundo um observador de época. Ela, "mais circunspecta", mais moderada, mais prudente. Ele, influenciado pelas ideias da velha aristocracia, de quem sempre se cercou.

Sabedor de que Carvalho e Melo armava um conluio para que Maria não ascendesse ao trono, d. Pedro o execrava e ouvia os queixumes dos inimigos do ministro, a fidalguia que desejava proteger. O casal tinha vivido junto a angústia do massacre dos amigos Távora e do jesuíta Malagrida e, por isso, detestava o ministro de d. José. Anos mais tarde, um diplomata francês, Charles Gravier, chegou a anotar:

> O ódio e a vingança parecem caracterizar os sentimentos do rei d. Pedro em relação ao marquês de Pombal. Estamos longe de fazer a apologia deste antigo ministro, mas julgo que ele não devia ser atacado por fatos que se prendem diretamente com a reputação do falecido rei (d. José). Se se decidir perseguir e atacar o senhor marquês de Pombal há matéria de sobra no que respeita simplesmente a diversos aspectos da administração.

Mesmo sabendo que, ao atacar o ministro, estaria atacando o sogro, d. Pedro não escondia seus sentimentos. O ódio ao futuro marquês de Pombal derivava, também, do que ele tinha feito aos jesuítas, de quem fora aluno. E cravava: "Não esquecerei nunca os bons ensinamentos e instruções que me deram. [...] São os meus padres". Para o casal, Pombal seria sempre uma figura intrigante, intolerante e sinistra.

Ao casar-se com o irmão do pai, com quem convivia na corte e a quem chamava carinhosamente de "meu querido tio e esposo", Maria cumpria, à revelia de d. José, o desejo de d. João V, que desejava esse matrimônio e o deixara arranjado antes mesmo de morrer. A noiva fora prometida aos 9 anos quando o noivo contava 27. O próprio d. João V, já doente e frágil, pedira as dispensas ao papa – afinal, casamentos entre parentes próximos exigiam essa autorização.

Depois do casamento, a tensão entre o casal, o rei e seu ministro se acentuou. D. José não suportava a ideia de que, graças a essa união, seu detestado irmão se tornaria rei. E o futuro marquês de Pombal não escondia seu desprezo pelo noivo. Fez de tudo para fazer valer a lei sálica, já em uso em outros países, segundo a qual as filhas não poderiam herdar terras dos pais – e, consequentemente, não poderiam suceder ao rei no trono. Em vão. Antipatia e aversão mútua prosperavam na corte, dividindo fidalgos e alimentando rumores.

Dizem que, ao casar-se, aos 26 anos, Maria era moça de pouca beleza. Tinha olhos pequenos e nariz grande, mas nem por isso deixava de impressionar pela delicadeza, amabilidade e cortesia. Conservadora na forma de se vestir, era pouco dada a luxos, atitude que mantinha nos momentos mais solenes. Seguia à risca o manual da boa esposa católica: sóbria e discreta. À boca pequena, muitos sabedores da posição de d. José – que antagonizava, sem cerimônias, a filha e o irmão – se perguntavam se ele não teria adiado o casamento ao máximo só para ver a filha jovem se casar com um velho de 46 anos, com menores chances de gerar herdeiros. Más línguas chegaram a espalhar que o noivo era impotente. Murmurava-se que ele gostava de companhias masculinas. Que nunca conhecera mulher, nem procurava amantes.

Certamente influenciado pela família e pelos tempos, d. Pedro era muito devoto. Sua fé explícita e exacerbada valeu-lhe o apelido de "sacristão". Mas um sacristão curiosamente maçom. Quando perguntado sobre esta ou aquela pessoa, d. Pedro costumava responder: "é capazeidôneo"! Juntava os qualificativos "capaz" e "idôneo", o que lhe valeria outro apelido: capacidônio. Dele se dizia que preenchera a sua mocidade distraindo-se sisudamente em passeios a quintas, acompanhando a família real a visitas a igrejas, conventos, inaugurações na capital e procissões solenes.

Neutro nos assuntos de política? Pouco provável, pois, muito unido, o casal conversava, e suas petições eram atendidas pela esposa, que o adorava e era correspondida. Por trás da casca rústica de d. Pedro, existia um fundo de bom senso e um nó de sagacidade. O casal se encontrava num ideal de vida cristão, muito marcado pelos conselhos da Santa Madre Igreja. Maria não conheceu a tortura do abandono ou do ciúme, pois nunca foi traída pelo marido, ao contrário da mãe e da avó, que sofreram publicamente o adultério dos maridos. E enganaram-se os que apostaram na esterilidade do casal. Apesar da diferença de idade, Maria e Pedro fizeram seis filhos. Três deles morreriam ainda crianças e dois outros sucumbiriam adultos. O terceiro descendente, d. João, seria o futuro rei de Portugal.

Dormiam juntos os dois pombinhos? Provavelmente não. "Um soberano deve dormir só, para poder receber a qualquer momento seus ministros em caso de comunicação urgente", prescrevia a etiqueta. Exceção à regra foi a imperatriz Maria Teresa da Áustria, que afirmava, quando voltava aos seus apartamentos, ser mulher como qualquer outra. "Além do que, os senhores sabem que a maior parte dos problemas se resolve na cama", costumava dizer a famosa soberana austro-húngara.

O grande acontecimento para o casal e para o reino veio pouco mais de um ano depois do matrimônio: o nascimento de um herdeiro, d. José Francisco, príncipe da Beira. A maternidade era fundamental para a futura rainha. Tanto é que prometeu ao Coração de Jesus a ereção de um convento, com uma igreja magnífica, caso tivesse um primogênito. Sob o risco dos arquitetos de Mafra, as torres gêmeas da basílica da Estrela, no bairro da Lapa, a oeste da cidade, rasgaram o céu em dois anos.

O Brasil ecoava as alegrias da corte. A notícia do nascimento do primogênito chegou ao Rio de Janeiro em fins de janeiro de 1762, e por três dias os sinos das igrejas repicaram, as fortalezas deram salvas e as ruas se encheram de luminárias. Durante meses, a cidade se preparou para uma grande festa. No dia 2 de maio, os festejos começaram, com o tríduo das missas solenes rezadas pelo bispo no mosteiro de São Bento. O templo estava todo enfeitado com várias tribunas de honra, nas quais se sentaram o vice-rei, os ministros togados, os militares de alta patente, os vereadores e a nobreza local. Na tarde do terceiro dia, houve procissão de ação de graças, com a presença também de todas as ordens religiosas e confrarias da cidade, escoltadas pelos corpos militares. Havia música, as fachadas das casas estavam ornamentadas e iluminadas e as embarcações ficaram fundeadas no porto, embandeiradas. No ar, o som da artilharia das fortalezas.

Dentre todos os ornamentos, destacavam-se dois pórticos construídos especialmente para a ocasião: um em frente à casa episcopal, no morro da Conceição, outro em frente ao paço do vice-rei, com luminárias volantes e candeeiros nas residências. Algumas tinham emblemas, poemas e eram acompanhadas de música. Depois vieram os espetáculos; touradas e jogos de argolinhas, no curro especialmente construído para a ocasião. Antes de começarem os jogos, houve apresentação de muitas "invenções festivas": dança de ciganas, contradança de cajadinhos e dos alfaiates e desfiles de três carros triunfais, feitos, respectivamente, pelas corporações dos ourives, dos carpinteiros e dos sapateiros.

Num dos dias, os homens pardos da cidade apresentaram uma farsa imitando a corte do rei dos congos, e, em um teatro construído na praça em frente ao palácio do vice-rei, foram encenadas três óperas, financiadas pelos homens de negócios. No dia 6 de junho, o conde de Bobadela ofereceu um "banquete opíparo", abundante, a todos os magistrados, oficiais de guerra e pessoas distintas da cidade. Naquela noite houve fogos de artifício, e, no Campo de São Domingos, foram edificados um castelo e um navio, onde se simulou um combate que durou quatro horas de pirotecnia. O relato da festa circulou em Portugal e demonstrava a importância do nascimento do príncipe para a sucessão real, mas também os laços que ligavam os vassalos na longínqua América portuguesa aos seus reis.

D. José Francisco, o esperado herdeiro, habitava o próprio quarto de Maria. E, seguindo as regras da etiqueta, ela assumiu os cuidados de todos os filhos. E foram muitos. Seguiram-se, dois anos depois, d. José João, natimorto; d. João Maria (1767-1826), senhor do infantado, futuro príncipe do Brasil e rei de Portugal, Brasil e Algarves, futuro d. João VI; d. Mariana Vitória (1768-1788); d. Maria Clementina (1774-1776) e d. Maria Isabel (1776-1777).

Inimigo da ideia de ter Maria como rainha, Carvalho e Melo, que recentemente adquirira o título de marquês de Pombal, tinha planos para o primogênito, d. José. Mestre absoluto das vontades do rei, por enquanto ele não tinha necessidade de combater a herdeira do trono, a quem considerava irrelevante. Deixou apenas circular a ideia de que Maria era criatura frágil e sem tino político. O ofício de reinar seria duro para ela. Instabilidade feminina, permeabilidade à influência do marido e temperamento infantil justificavam a tese de que Deus fizera homens e mulheres diversos. E elas, menos capazes do que eles. O poderoso ministro tentava influenciar o rei d. José no sentido de impedir a ascensão da herdeira, desejando que o poder passasse diretamente para seu neto. O argumento de Pombal era de que Portugal se fortaleceria se, em lugar da legítima herdeira, d. Maria, subisse ao trono seu filho e neto, com o mesmo nome, d. José. Por isso, o menino príncipe foi desde pequeno educado para governar, sendo profundo estudioso de filosofia e de negócios de Estado.

À época, corria "entre as rodas de maior representação da corte" que José Seabra, desembargador e grande amigo de Pombal, teria confidenciado à rainha d. Mariana o plano que o ministro "traçara com empenho e buscava realizar, de obter por surpresa que a princesa do Brasil, d. Maria, herdeira da Coroa, renunciasse a seus direitos, cedendo-os ao seu filho primogênito, segredo de que só era sabedor el-rei, o marquês de Pombal e ele, José Seabra". As traições estavam em toda a parte e mesmo no seio da família.

As cartas trocadas com a priora do convento do Sagrado Coração de Jesus, d. Teresa de Melo, sua amiga de infância, demonstram que Maria se sentiu horrivelmente atingida por tais rumores. Eles cruzavam os muros, impregnando as confidências de Maria, que contava à amiga sentir-se incapaz de exercer as obrigações do cargo e culpada por não obedecer à vontade do pai, que desejava substituí-la pelo neto. Porém, tinha que enfrentá-lo. Caso contrário, trairia aqueles que confiavam tanto nela quanto em seu futuro governo. Somente ela seria capaz de restituir aos súditos o caminho seguido pelos monarcas portugueses, do qual d. José, por seus pecados, se desviara. Maria se sentia paralisada: tinha consciência do que representava, mas também tinha medo de encarar a responsabilidade. E Teresa de Melo tentava convencê-la:

> Senhora, o SS. Coração de Jesus nos ampare e tenha na Sua graça, para que vossa majestade não duvide dos benefícios que lhe está concedendo e corresponda a eles, sujeitando-se à Sua santíssima vontade, não duvidando de que ser rainha foi eleição de Deus, que lhe tem dado os meios que são necessários para o governo do reino, que lhe entregou e não quer que o entregue a ninguém, e que todos os pensamentos contrários que tiver são trazidos pelo Demônio, que a quer intimidar e ir contra a santíssima e perfeitíssima vontade de Deus [...] segure bem a sua intenção de querer acertar em tudo e dê muitas graças ao Senhor [...] ninguém peca sem vontade, e sendo a de vossa majestade querer agradar a Deus, como pode ter tal perigo?

Na mesma época, por volta de 1774, o plano de abdicação murchou. D. José adoeceu. Sem jamais disputar suas atenções com as amantes ou com Pombal, d. Mariana estava pronta para assumir a regência e o fez por três vezes, durante os períodos em que o rei adoecia. Era uma adversária das ideias e da pessoa de Pombal e, com o agravamento da doença do rei, cortou o acesso do ministro ao soberano. Este, por sua vez, mergulhado em profunda crise moral, quis isolar-se com a família e viver seus últimos momentos em privado.

D. José passou a viver uma fase de culpa e medo. A doutrina de desprezo pelas coisas mundanas pregada pelo catolicismo convidava os pecadores a temer o inferno, o Julgamento Final e a impossibilidade de gozar a vida eterna. E d. José não era dos menores pecadores. A obrigação da confissão o forçava a vasculhar a consciência, a pedir perdão por todas as culpas, a passar o pente-fino nos malfeitos, a temer a fúria de um Deus vingador. Os sermões apavorantes advertiam: muitos eram chamados e poucos eram os eleitos. A angústia da danação sufocava o rei. O cheiro das velas acesas em seus aposentos, também. Sentia a mão da morte apertando com mais força.

Eis por que, antes de deixar este mundo, escreveu à filha uma série de *Recomendações*, que foram transformadas em documento público: governar com paz e justiça, cuidar da mãe e das irmãs com zelo, terminar a construção da igreja da Memória que ele prometera a Deus, pagar suas dívidas atrasadas, pois ele temia uma guerra próxima, lembrar-se dos criados que lhe tiveram devoção e, por último, perdoar legalmente os criminosos de Estado que Maria julgasse dignos de perdão, para que Deus perdoasse seus pecados. Maria, em adiantado estado de gravidez, não parava de rezar. No início do mês de novembro de 1776, em meio a uma avalanche emocional, ela deu à luz a infanta Maria Isabel. Logo sofreu o desgosto de vê-la morrer, com poucos meses de vida, já tendo perdido João Francisco, recém-nascido, e Maria Clementina com 2 anos, no mesmo ano.

Em 24 de fevereiro de 1777, foi a vez de o rei fechar os olhos. Dias antes do funeral, um casamento: o do príncipe d. José com a tia, d. Maria Benedita, por ordens de d. José moribundo. Em seu testamento, por expiação, ele também ditou que fossem indultados todos os presos políticos do reino e do exílio. Eram cerca de oitocentos os aprisionados, sem contar os que pereceram nos cárceres do continente do ultramar. No total, calculavam-se cerca de três mil pessoas, vítimas das rigorosas penas aplicadas por Pombal. Voltava à vida um enorme número de presos que tinham passado até vinte anos nas cadeias, sem saber se voltariam a ver a luz do dia. Fortes e conventos expeliram homens, mulheres, velhos, crianças, fidalgos, padres, plebeus, esfomeados, andrajosos, mortos-vivos.

Pombal ainda se manteve como primeiro-ministro na longa convalescença de d. José, mas teve que enfrentar a regência adversa de d. Mariana. Enquanto isso, as ruas preparavam em surdina a desforra contra o detestado marquês. Quando soube que o d. José tinha sofrido um ataque apoplético, Pombal correu ao palácio. Ao ver d. José em lamentável estado, chorou. A rainha não se deixou abater pela fraqueza do gesto e o mandou retirar dali, ordenando ao camarista que nunca mais o deixasse entrar. Ela, por sua vez, trabalhava com o irmão, d. Carlos III, rei da Espanha, para a resolução dos conflitos com os espanhóis que tinham tomado Santa Catarina, na Colônia. Mais tarde, tais tratativas resultariam na assinatura do Tratado de Santo Ildefonso, que garantiu a margem direita do rio da Prata a Portugal, reconhecendo em troca a Colônia de Sacramento aos espanhóis. Graças aos esforços da rainha, cessaram os conflitos que se arrastavam desde 1735 entre os dois reinos.

Segundo o testemunho de diplomatas e forasteiros, enquanto os sinos dobravam chorosos, anunciando a morte do rei, os habitantes de Lisboa "abraçavam-se pelas ruas, num ímpeto de inexprimível satisfação, esperançados em que iriam, enfim, viver em paz e liberdade". A reação antipombalina foi imediata: "vivas" à soberana alternavam-se com "morras" ao marquês. A gente simples não esquecia que ele executou não só fidalgos, mas também três dezenas de populares por protestarem contra a criação de uma companhia que monopolizava o comércio de vinho no Porto. Portugal respirava depois de 27 anos de despotismo exercido por Pombal. Anos em que gemeram o povo sobrecarregado de impostos, os ilustrados que não o lisonjeavam (muitos dos quais ele perseguiu e arruinou), a agricultura que ele não favoreceu e todas as classes do Estado que não serviram aos seus interesses, conforme se queixou, em 1782, um viajante francês. Um tirano!

Mais do que depressa, d. Pedro mandou substituir a lâmina de bronze onde estava esculpida a efígie do marquês, na base da estátua equestre de d. José, na Praça do Comércio, por outra, com as armas da cidade. Comentários irônicos se ouviam: "se o marquês soubesse que ia ser sacada a sua memória, nem a de el-rei teria mandado colocar".

A priora do convento do Sagrado Coração de Jesus, também conhecido como convento da Estrela, exultava: agora, morto, é que d. José ia começar a viver, pois "gozaria a vida eterna". Ânimo! Considerada clarividente, a amiga tinha visões e ouvia vozes divinas sobre um "reinado do amor": o de Maria. E Maria seria a fundadora desse novo império, lutando contra os demônios e o "inferno embravecido", redimindo, portanto, os pecados de Portugal. Isso feito, o Sagrado Coração havia prometido só felicidades. E, ante as confidências que lhe tinha feito Maria sobre a insegurança de governar, respondia-lhe: "o júbilo popular" não podia lhe inspirar medo. Bastava agir de acordo com os ditames de Jesus. "Este Senhor Amantíssimo quer que vossa majestade seja rainha". "Ora, queira sê-lo para a glória do Sagrado Coração..." E martelava em cartas: "é expressa vontade Sua que não o largue [o reino]... O desagradaria muito e seria contra a sua salvação".

Nos conventos portugueses e de além-mar, essa foi a época de vidências em meio a penitências e autoflagelações. No mosteiro de Santa Clara, por exemplo, a abadessa Isabel do Menino Jesus via demônios assar carne de gato enquanto uma voz lhe explicava que se tratava de religiosos abrasados em luxúria. Sóror Madalena, na mesma casa, fora içada por demônios até o teto de sua cela e depois atirada ao chão. Coisa vulgaríssima essa de os diabos frequentarem conventos. Caberia à nova rainha, insistia d. Teresa de Melo, combatê-los em nome do Sagrado Coração.

Diferente de Santa Teresa de Ávila ou de Santa Margarida Maria Alacoque, cujas visões portavam mensagens divinas no plano espiritual, d. Teresa de Melo tentava convencer Maria de que fora escolhida pelo Sagrado Coração de Jesus para reformar Portugal. Ou seja, as vozes que ela ouvia interferiam no plano material. Com boa-fé, a carmelita se assumia mediadora de Jesus e, embora receando a descrença das infantas, irmãs de Maria, atribuía à nova rainha o papel de "salvadora": "O Demônio está embravecido. Quer embaraçar as muitas obras que o sagrado Coração quer de vossa majestade". Maria deveria levar adiante o combate encarniçado contra o exército inimigo e assegurar o triunfo do Divino Salvador. Se, por um lado, Maria modestamente se desvalorizava diante das previsões de Teresa, por outro, acreditava nas mensagens. Sim, pois elas faziam parte de sua fé.

E Maria tinha que ter fé para governar e para perdoar. Pois só a fé e os bons sentimentos podiam explicar seu enternecimento com a morte do pai. Ela apagou as lembranças amargas de um rei que, de conluio com seu ministro, não teve escrúpulos em invadir sua vida privada, tentar afastá-la do trono e fazer pouco dos seus afetos por conta de motivos políticos.

***

Assim, em fevereiro de 1777, a princesa do Brasil se tornou "d. Maria I, pela graça de Deus, rainha de Portugal e dos Algarves, d'Aquém e d'Além Mar em África, Senhora da Guiné e da Conquista, Navegação e Comércio da Etiópia, Arábia, Pérsia e Índia", tornando-se a 26ª monarca da Lusitânia e a primeira mulher a titularizar o comando do vasto império. Depois de anos de terror e dinamismo executivo de Pombal, subia ao trono uma soberana que misturava indecisão, lucidez, piedade e bondade. As últimas qualidades eram aquelas que a Igreja católica exigia das rainhas.

No dia 12 de maio, um bando de cavaleiros empenachados, em cavalos ricamente ajaezados, percorreram a cidade e seus arredores convidando o povo a participar da "gloriosa aclamação" de Maria no dia seguinte. No Terreiro do Paço foram construídos palanques e camarotes destinados às damas. As janelas das casas viradas para a praça foram ocupadas por espectadores. No castelo, foram hasteadas cinco bandeiras, e uma igreja de madeira, com teto decorado em gesso, foi construída. Também foram erigidos três teatros, que apresentaram espetáculos públicos durante três dias. Coretos e coro revestidos de seda encarnada e assentos em verde e carmesim para as autoridades cobriam o espaço.

Os sinos tangeram às dez horas da terça feira, 13 de maio de 1777, e d. Tomás de Almeida deu início à função. Uma missa foi dirigida "ao Divino Espírito Santo para ilustração dos novos monarcas no acerto do bom regime do reino". No chão da praça estavam entre quinze mil e vinte mil pessoas. Acabado o ofício, o docel encarnado do altar foi substituído por outro, em damasco branco e dourado. Às onze horas chegou a família real, entrando pela Porta da Ribeira das Naus. Estavam a rainha, o rei, os príncipes do Brasil, d. José e d. Maria Benedita, as infantas d. Maria Ana, irmã de Maria, e d. Mariana Vitória, sua filha, e o infante d. João, na época com 10 anos.

A rainha-mãe chegou um pouco mais tarde. Ao desembargador do Paço e do Conselho do Santo Ofício coube o discurso de recepção. Ele lembrou duas questões importantes: a legitimidade da sucessão de Maria e o caráter obrigatório de obediência à soberana. O direito divino do poder real era emanado de Deus diretamente. E, estando o monarca abaixo apenas de Deus, o poder real era absoluto. O monarca possuía deveres apenas com Deus, além de velar pela felicidade comum, conforme preceito de lei natural.

A aclamação de Maria atingiu o delírio. Milhares de pessoas ultrapassaram os cordões das tropas e invadiram a galeria onde decorria a cerimônia. Quiseram expulsá-las, mas a rainha deu ordem para que as deixassem ficar. A onda de gente era tão grande que os coches levando os fidalgos não puderam se aproximar da praça. Segundo o marquês de Chatelet, "foi para ela o mais doce momento de sua vida: uns se jogavam, de joelhos, a seus pés, outros beijavam as fímbrias do vestido; ela estava enternecida às lágrimas".

No final do Setecentos, a evocação do monarca como protetor era a celebração do auxílio da vontade divina que a monarquia tinha recebido; mas também uma comemoração do desempenho do rei no seu zelo pelo reino. Reinar era um ofício entregue por Cristo que tinha, por isso, proteção divina, mas era, também, um dever da pessoa do rei. Daí a administração das ordens religiosas ser uma obrigação que cabia exclusivamente ao monarca. Por isso, a nova rainha tomou a seu cargo a jurisdição das matérias espirituais, e sua devoção pessoal confundia--se com as ações políticas de governante.

Surgia, então, uma nova ordenação do poder régio, exposta no distintivo que carregava: ela trazia juntas as insígnias das três ordens e, sobre elas, o sinal emblemático do Sagrado Coração de Jesus. Considerados militantes de Cristo, reis e rainhas eram considerados defensores da fé, dos pobres e oprimidos. Maria pertencia a três ordens: a dos Cavaleiros de Nosso Senhor Jesus Cristo, a de São Bento de Avis e a de Santiago da Espada. A salvação dos homens e de suas almas – que os inimigos da fé, ateus ou diabos tentavam destruir – seria uma das maiores tarefas de Maria. No fundo, o discurso do desembargador criticava d. José, que se deixara levar por seu ministro, abrindo mão desses encargos, além de ter se esquecido dos mandamentos de Deus.

Maria encarava sua ascensão ao poder com uma naturalidade admirável. Há longo tempo a aguardava. De modo geral, sua vida não mudaria. Ela era modesta e sem afetação. Enquanto o povo e os cortesãos se regozijavam, ela aceitava suas novas responsabilidades como parte do trabalho cotidiano. Aos íntimos, deixava entrever um contentamento cheio de simplicidade. O único a ver um traço de preocupação no fino rosto da nova monarca foi o duque de Chatelet. Espectador privilegiado, não perdeu nenhum pormenor da coroação e anotou: "Somente a rainha me pareceu não tomar parte na alegria universal. Ela estava dolorosamente afetada". No fundo, Maria temia que sua alma corresse perigo no exercício do poder. Incorrer em alguma grave injustiça ou tomar decisões erradas a atemorizavam. Maria tinha medo de ser feliz, julgando-se indigna de seus direitos e sempre na expectativa de uma iminente punição e castigo por suas "más ações". Resultado da educação que recebeu, perder a salvação eterna era o maior dos seus temores.

No dia da festa, todos os membros da família entraram no palácio, onde foi servido um jantar sobre louça da Companhia das Índias e uma baixela de prata francesa feita pelo joalheiro Germain, usada pela primeira vez. Pelas quatro horas da tarde, o cortejo régio encaminhou--se para a varanda da aclamação, revestida de mármore, douramentos, pinturas e iluminada por tochas. Vestida com um manto de tafetá bordado com fios de prata recamado de ouro, o peito coberto com flores de brilhante, trazendo a Cruz da Ordem de Cristo e o toucado coberto de diamantes, Maria assumiu o trono com majestade natural.

O rei vestia veludo de riscas cor de fogo, bordado com canutilhos e lantejoulas. No punho, trazia rendas e botões de diamantes. O espadim e as fivelas dos sapatos eram em ouro. Do ombro, pendia-lhe um manto feito em lã de lhama, com fios de prata, bordado a ouro. Para fechar o manto, o "Espelho de Portugal", imenso diamante com tons de água marinha. Sobre a cabeleira, um chapéu desabado com plumas brancas e presilha de brilhantes. Ajoelhada, Maria repetiu solenemente o juramento de guardar as leis do reino e, depois, sentada num trono dourado, ouviu o grito: "Real, Real, viva d. Maria, rainha de Portugal". O som de trombetas e clarins rasgou o ar, somando-se ao estrondo dos gritos e palmas do povo. Foguetes, a artilharia do Castelo de São Jorge, os canhões dos navios de guerra e de outras embarcações, tudo isso saudava a entrada no que se acreditava ser uma era de paz e bem-estar.

Do alto, d. Maria e d. Pedro, junto com os filhos, assistiram à apresentação de várias danças, entre as quais a dos pescadores, as danças francesa e chinesa, a das vendedoras de frutas chamadas colajeras e horteloas, a das peixeiras, a das negras e a dos negros, sendo homenageada pelas mulheres trabalhadoras. Na penúltima, segundo registravam os folhetos volantes que circulavam entre o povo,

> vinte e cinco figuras, que eram vinte mulheres, uma que figurava rainha e dezenove de dança, todas vestidas de encarnado e negro, fingindo meio corpo nu, e a rainha acompanhada de quatro pretos, todos vestidos de negro, figurando a nudez dos corpos, cobertos com penas de várias cores

> nas cinturas, braços e cabeça, levando nas mãos arcos e flechas. Um preto
> baixo e velho, vestido em figura de macaco, preso de uma cadeia com as
> visagens que fazia, a todos causava muito riso e prazer.

O registro jocoso da farsa remetia aos cortejos congoleses e às comitivas que os seguiam. As colônias estavam presentes, lembrando que Maria era rainha dali e d'além-mar.

Maria foi consagrada a primeira rainha de Portugal, mas não só. Ela era o foco de esperanças de todos os inimigos do marquês de Pombal. Muitos eram os grupos de oposição ao ministro de d. José. Desde jesuítas e comerciantes que não se beneficiavam dos privilégios e proteção que tiveram os colaboradores do ministro, até o clero ultramontano e os aristocratas que não gostavam da presença britânica. Todos tinham suas queixas. Mas, se Maria deu espaço para a alta fidalguia no ambiente político, foi sábia o bastante para manter a burocracia criada pelo ministro em seus postos, garantindo o bom funcionamento do Estado. Ela entendia que deveria fazer um jogo entre sobrevivências do passado e reformas exigidas pelo presente. Via que o modelo de absolutismo clássico centrado num único ministro tinha se esgotado. Era preciso contar com um corpo de funcionários que compartilhassem com ela o poder do Estado.

O que talvez não tenha enxergado é que tais adaptações modificavam a concepção do poder da monarquia. Maria sentia que o tempo trazia mudanças: Revolução Industrial na Inglaterra, independência das colônias na América do Norte, mudanças políticas na França, a visibilidade de uma burguesia cada vez mais forte e atuante, enfim, contra tais mudanças as potências europeias buscavam alianças. Maria sabia, também, que a busca de novos mercados tinha de ser uma de suas prioridades, estando Portugal vulnerável devido às suas colônias em três continentes e à concorrência de outras potências. Dentro de si, porém, continuava a acreditar que seu papel, abençoado por Deus, pelo Coração de Jesus e por Nossa Senhora, era o de proteger seu povo. Proteger como? Rezando. Pois, como ela, essa gente que parecia não se incomodar com os infortúnios, que vivia entre terra e mar, que crescia e se multiplicava numa nesga de terra, era animada pelo mais intenso sentimento religioso.

Antes mesmo da aclamação, Carvalho e Melo pedira demissão e licença para terminar seus dias em sua residência, em Pombal. Generosa, Maria atendeu:

> Tendo consideração à grande e distinta estimação que o senhor meu pai, que a Santa Glória o haja, fez sempre do marquês de Pombal e representando-me o exmo. marquês que a sua avançada idade e moléstias não lhe permitirão continuar por mais tempo no meu real serviço, pedindo-me licença [...] para retirar-se à sua Quinta do Pombal. E atendendo o referido pedido, sou servida aceitar-lhe a dita demissão e conceder-lhe a licença que pede.

Em abril de 1777, dois meses depois da coroação de Maria, a onda de protestos contra o marquês de Pombal era tão grande que seus amigos receavam que nem a piedade e a doçura de Maria pudessem poupá-lo de um destino trágico. O marquês de Almodóvar, embaixador da Espanha em Portugal, contou que Maria não atenderia aos sentimentos de vingança. Faria, apenas, justiça. Nada se faria contra Pombal que não correspondesse aos trâmites do Direito, porém, *"ha mostrado bien claramente lo poco satisfecha que está de su pasada conducta, no por eso deja de protegerle en esta parte, por amor a la justicia y equidad, y por consideración a la memoria del rey, su padre"*.

Aliviado com a chegada de Maria ao trono, o povo festejou com impressos que falavam da alegria de tê-la no poder. As palavras contidas no *Elogio nascido de sinceros júbilos na gostosa e felicíssima aclamação da sempre augusta e piedosa rainha e senhora d. Maria I*, impresso na oficina de Antonio Rodrigues Galhardo e vendido na Rua da Arrochela, defronte do adro de São Bento, explicitava a recepção da nova rainha:

Já no trono da lusa monarquia
Sentada a nova augusta aparece
Já nela a clara luz resplandece
Daquele excelso nome de Maria
Com ele hoje prazer, hoje alegria
Na Lusitânia gente se conhece
Já de todo a tristeza escurece
E só gostos renascem nesse dia
Aonde impera a clara luz brilhante
Desta justa regente e virtuosa
Felizes lusitanos, que distante
De vós bramindo a inveja está raivosa,
Sem que tentar vos possa um só instante [...].

E não faltavam panfletos apresentando d. José como um monarca fraco, verdadeiro joguete nas mãos de Pombal, alheio às necessidades do povo. Panfletos estes, aliás, que muito ajudaram a construir uma falsa imagem do rei. Maria, por sua vez, tomava o caminho diverso: encontrava-se com ministros, presidia o Conselho, aceitava divergências de opinião e votos contrários ao seu. Inteligente, caridosa, escrupulosa, desprezava intrigas e manobras de bastidores. No entanto, como sempre é impossível agradar a todos, nos panfletos havia também queixas à benevolência de d. Maria I com Pombal. Muitos consideravam-no "homem mau", senhor de ações injustas e mentirosas, apenas interessado em enriquecer. Autor de crimes administrativos, ele obteve a clemência que não merecia. Era mesmo, segundo os panfletos, um parceiro do Diabo.

Maria doravante teria pela frente a missão de resolver vários problemas de Estado. O do seu comando era o mais importante deles. A mão da soberana iria assinar a carta de destituição dos que considerava seus inimigos. Entre outros, Pombal sofreu julgamento. O processo foi moroso e atingiu Maria por estarem em causa o nome e as ações de seu pai, que sempre confiara no ministro. Na última sessão, ele pediu perdão: "Peço humildemente perdão à sua majestade por todas as faltas que pudesse cometer e espero obtê-lo graças à clemência de que sua majestade é dotada". Maria caridosa, Maria boa. Ela não quis vingança, nem mesmo castigar o velho ex-ministro. Suspendeu o veredicto por causa das doenças de que ele sofria. Minado por grave mal, com o corpo coberto de pústulas e sofrendo de hemorragias, ele teve que passar por verdadeiro suplício ao longo do processo que foi movido contra ele. Morreu aos 83 anos, sabendo que a condenação à pena máxima não fora acatada graças às admoestações do seu confessor e do bom coração da rainha. Ela lhe salvou das penas corporais, mas manteve o desterro. Pombal definhou e faleceu em 8 de maio de 1782.

3

A mão que batia e abençoava

O novo reinado começou sob o signo da economia, pois o país encontrava-se empobrecido. Portugal precisava de uma transição entre o reformismo pombalino e a monarquia absolutista, um compromisso entre o poder régio e a comunidade. Maria representaria a mão que se estendia entre um e outro. Desde o início, ela se destacou pela brandura com que tratava as necessidades dos súditos, sobretudo os mais desfavorecidos. Ela inocentou todos os Távora e, atendendo ao pedido do pai, abriu as prisões de Setúbal, Pedrouços e São Julião, liberando os presos políticos. Ela restaurou a antiga tradição das audiências gerais do povo, onde todos eram admitidos e ela podia estabelecer contato com os seus. Maria ampliou o paternalismo característico do absolutismo, em que o bem-estar e a felicidade da gente portuguesa dependiam do soberano.

Esse período, denominado Viradeira, foi, de fato, uma reação – mas uma reação que tratou de aproveitar o que o governo anterior havia deixado de útil e conjugar o tradicionalismo com as inovações de uma Europa em transformação. Não só foram apeados do poder os protegidos do ministro que haviam conspirado contra a rainha, como tiveram início políticas públicas que destoavam das aplicadas na época de d. José. No entanto, muitas medidas tiveram pouco alcance, pois o despotismo era um fato, a burguesia já se aliara à parte da aristocracia e governava o país, a Companhia de Jesus fora extinta e a Inquisição, apagada.

Nesse cenário, Maria teve que construir uma figura de rainha e mulher. Ficara para trás a consorte real que era apenas esposa do rei, sem poder e agindo através de terceiros. Ela era a senhora com as rédeas do reino. Apoiou-se na imagem de esposa e mãe piedosa, retrato da fé cristã e provedora de caridade infinita. Como detentora do poder que "Deus lhe atribuiu", uniu sua imagem à de outra Maria: a da Mãe amantíssima de Jesus. Na administração do Estado, fé e caridade se conjugariam com razão.

As cartas da priora do convento do Sagrado Coração, d. Teresa de Melo, alimentavam essa disposição: "Minha senhora da minha alma, recolha-se no lado do Senhor. Aí achará todo o descanso na cruz que o Esposo Santíssimo lhe deu". Jesus iria acudir a rainha em tudo o que ela necessitasse, pois "os trabalhos que o Senhor dá aos seus escolhidos e às almas que tem predestinado para Sua glória são tribulações do espírito [...] mas a sua salvação não tem perigo algum".

A fé no Sagrado Coração de Jesus seria a sua força. O vínculo entre o espiritual e o temporal, característico das monarquias europeias, viria somar-se, no caso de Maria, ao seu culto particular. O povo acompanhava a piedade da rainha e ela se elevava diante de Jesus e de seus vassalos, garantindo seu lugar no céu e na terra. Seus dias começavam com missa e comunhão, sem contar as inúmeras visitas que fazia às igrejas e santuários e o porte do luto durante a Semana Santa.

Porém, pedras começaram a surgir no caminho. Uma delas dizia respeito à desconfiança de seus antagonistas de se ter uma mulher no trono. Em Portugal, não existia nenhuma regra comparável à lei sálica que proibia as mulheres de governar. Ao longo dos séculos, antes mesmo da subida de Maria ao trono, o país já fora governado por rainhas que haviam assumido funções de regência devido à menoridade de príncipes ou à incapacidade temporária de reis. No entanto, ter uma rainha exercendo o poder de pleno direito era algo nunca visto. Para evitar possíveis contestações, o casamento com d. Pedro e sua aclamação como rei veio a calhar. A julgar pelos discursos impressos na época da aclamação, a aceitação da presença de uma mulher no trono português se deveu muito à propagação da ideia de que o poder seria partilhado pelo casal.

Esses eram tempos em que as origens da desigualdade entre os homens alimentavam o debate filosófico e político. A discussão sobre a natureza feminina, a educação que deveria ser facultada às mulheres e os papéis sociais que poderiam desempenhar gerava controvérsias entre pensadores europeus, de Montaigne a Madame du Châtelet ou Rousseau. Numa época em que as tarefas públicas eram identificadas com o masculino e a atuação feminina se restringia ao privado, figuras como Maria Teresa da Áustria, que enfrentou obstáculos e contestação ao seu comando, eram um símbolo. Para as mulheres das elites europeias, sobretudo, a imperatriz austríaca constituía a prova viva da aptidão feminina para conciliar os deveres matrimoniais, a dedicação maternal, a religião e o governo, dando esperanças de uma sociedade mais justa e mais esclarecida para as mulheres. Maria Teresa da Áustria, cuja autoridade era reconhecida internacionalmente, expressava as expectativas que cercavam a subida de Maria ao trono de Portugal.

Do ponto de vista das portuguesas das classes privilegiadas, a presença de Maria foi encarada como uma oportunidade de alargamento do campo de intervenção social e política. Pelo menos em teoria, a existência de uma soberana abria um espaço legítimo para um acesso mais direto das mulheres ao poder – e até para a promoção de ideais "feministas" *avant la lettre*, como a instrução feminina ou a possibilidade de interferência das mulheres na esfera pública.

Uma coincidência, contudo, marcou a vida de mulheres tão diversas: Maria Teresa morreu em 1780, quando Maria estava no trono havia apenas três anos. Não à toa, a condessa de Vimieiro, d. Teresa de Mello Breyner, redigiu um elogio à poderosa rainha austríaca. Por trás das palavras, a sugestão de que Maria se identificasse com Maria Teresa, seguindo o modelo da mais avançada governante europeia. No texto, Maria Teresa da Áustria é comparada aos "maiores Homens" e apresentada como um "admirável modelo da conduta dos príncipes nas circunstâncias difíceis e complicadas". É representada como uma mulher forte e iluminada, que soube conciliar sua natureza feminina com as qualidades características dos governantes masculinos. Foi como uma mãe para seu povo, mas ao mesmo tempo agiu como uma heroína que os reis podiam imitar. Sua instrução e suas virtudes eram louvadas, bem como seu papel como educadora do filho e herdeiro. Mãe, mas também governante, pois era capaz de reformar e melhorar a agricultura, a indústria e o comércio, os três pilares das teorias econômicas do século XVIII.

D. Leonor de Almeida Portugal, condessa de Oyenhausen e marquesa de Alorna, que havia conseguido a reabilitação da família e de seus bens depois de ter sido liberada da prisão por Maria, como mencionado anteriormente, também acrescentou sua pitada de elogios. Vivendo em Viena com o marido, Karl-August von Oyenhausen Gravenburg, que servia como ministro plenipotenciário na corte vienense, escrevia aos familiares e amigos longas epístolas, louvando as qualidades de Maria Teresa e comparando-a com Maria de Portugal, numa deliberada tentativa de consolidar a imagem da rainha como alguém com tantas qualidades quanto a austríaca, como um exemplo da capacidade feminina para desempenhar tarefas que seriam ainda, durante muito tempo, consideradas próprias dos homens.

Maria não fugiu ao seu destino e executou um reinado baseado numa política prudente. Tinha ministros sobreviventes do pombalismo e outros vindos da alta fidalguia. Teve sucesso nesse deliberado equilíbrio de forças. Atenta à justiça, era habilidosa em ajustar meios para alcançar objetivos. O escritor e viajante inglês William

Beckford, que viveu na corte portuguesa por muitos anos, disse sobre ela: "Parece ter nascido para mandar, mas tornando a sua autoridade, ao mesmo tempo, tão querida quanto respeitada". E tudo era realizado "com maternal cuidado, vigilância e amor aos seus povos". Antes de ser guilhotinado pela Revolução Francesa, o duque Louis Marie Florent du Châtelet, ministro plenipotenciário na corte de Viena e ex-embaixador na Inglaterra, reconheceu nela a soberana "merecedora de estima e respeito, embora não tenha os atributos que façam dela uma grande rainha. Ninguém poderia ser mais amável, mais caridosa ou mais sensível, embora essas qualidades sejam diminuídas por uma excessiva devoção religiosa".

***

Para uma mulher a quem a historiografia atribuiu indecisão e insegurança, Maria foi bem o contrário. O ordenamento jurídico foi uma das primeiras preocupações da soberana. Ela promoveu a compilação das antigas legislações portuguesas, as Ordenações Afonsina e Manuelina, e publicou as Leis Extravagantes das Ordenações Filipinas, levando em conta debates sobre a ineficiência da tortura – lembrança do massacre dos Távora – e sobre a importância das leis como ordenadoras da sociedade. Mas Maria queria reformar "à luz das ideias do tempo". Essa luz era a Razão – o meio mais eficiente para realizar a justiça. Em julho de 1790, foram erigidas novas comarcas e nomeados novos juízes para as províncias, fazendo com que os braços da justiça fossem mais longe. Nas capitais, as ruas ganharam limpeza e iluminação. As dívidas da Coroa foram quitadas. Tratados de comércio foram assinados com a Inglaterra, e o Palácio de Queluz, renovado, tornou-se palco das festas da fidalguia que apoiava a rainha.

A reconstrução de Lisboa pós-terremoto permitiu que a vida cultural despontasse, e começaram a ser erguidos os teatros de São Carlos, em Lisboa, e de São João, no Porto, cuja edificação a rainha acompanhou de perto. Atenta aos problemas estrangeiros, "do seu trono, como da alta atalaia, vigiava a soberana os gabinetes da Europa" – disse dela o científico brasileiro José Bonifácio de Andrada, membro da Academia Real de Ciências.

Testemunha de guerras que enfraqueceram o reino, Maria queria contorná-las. O objetivo dela era eliminar "cavilações e ciladas", evitar "danos e precaver males". Outro alvo de atenção de Maria foi a recuperação da economia colonial, que apresentava sinais de crise. Adotando uma política distinta da de Pombal, extinguiu as diversas companhias de comércio estabelecidas por ele.

Um mar de rosas? Não. A rainha teve que enfrentar movimentos separatistas tanto no Brasil, com a Inconfidência Mineira, em 1789, quanto na Índia, em Goa, com a chamada Sublevação dos Pintos, em 1787. Os chefes das conspirações, inspiradas em um ideário liberal, foram, numa e em outra colônia, executados. Tendo visto a tentativa de regicídio do pai e a perseguição que ela mesma sofrera ao assumir o poder, a reação de Maria não podia ter sido diferente. Em Goa, a ideia da Sublevação dos Pintos – assim chamada por conta do envolvimento da família do mesmo nome – era "expulsar todos os brancos". Culpados do crime de lesa-majestade por tentarem "subtrair todo este Estado da sujeição, obediência e governo da rainha Nossa Senhora, destruir a forma deste e formar nova República, em que os chamados naturais por um conselho ou Câmara Geral governassem", os réus foram amarrados a caudas de cavalos e arrastados pelas ruas da cidade até o lugar das forcas. Ainda em vida, tiveram ambas as mãos decepadas e, depois de mortos, as cabeças. Essas partes de seus corpos ficariam expostas em postes até que o tempo as consumisse. Os outros enforcados foram dispensados de alguns dos suplícios.

Os espetáculos públicos de execução de penas eram comuns no Antigo Regime. E este contou com a presença da Câmara, da nobreza e do povo. Oficiais das naus de guerra, chegados da Índia a Lisboa logo depois da execução da pena, contaram que "todos os parentes destes conjurados foram obrigados a assistir a esta funesta tragédia, e que alguns têm morrido de paixão". Além disso, os réus que não foram condenados à morte, mas a degredo e açoites, também tiveram que permanecer no lugar dos enforcamentos até o fim das execuções. Figuraram na sentença 27 réus, vários deles militares e todos naturais da Índia, menos um, que era italiano. Que Deus guardasse a alma da serCníssima rainha d. Maria I!

Quanto à Inconfidência Mineira, não se sabia até que ponto representantes do próprio Estado estariam envolvidos na conjura. O mal tinha que ser cortado pela raiz. O vice-rei do Brasil, d. Luiz de Vasconcellos e Souza, ordenou a devassa dos inconfidentes, entre maio e junho de 1789, conseguindo prender o cabeça, o alferes Silva Xavier, conhecido como Tiradentes. A população se queixava, então, de pressões injustas e arbitrárias, da proteção dada aos grandes comerciantes, do aumento de impostos. Viajantes estrangeiros registraram o mau humor dos populares contra a condução despótica da política e contra as taxas que obstaculizavam o comércio e impediam o desenvolvimento da agricultura. Já se pensava até mesmo numa "libertação do jugo de Portugal". Mas a legitimidade da rainha ficaria comprovada no jogo entre clemência e terror: alguns anos depois, mandaria executar Tiradentes, mas degredaria os demais conspiradores.

No ano seguinte à prisão dos envolvidos, d. Maria expediu carta régia que nomeava uma constituição de desembargadores especialmente designados para apurar os delitos da conjuração. Em dezembro de 1790, eles chegaram ao Rio de Janeiro e, durante todo o ano de 1791, se reuniram no tribunal para julgar o caso. Lembrada, talvez, da execução dos Távora, Maria se pronunciou contra as penas de morte, salvo em situação excepcional. A clemência da rainha foi estendida aos demais participantes no caso brasileiro, e todos foram punidos com o degredo – com exceção do dito Tiradentes, o chefe da conspiração, condenado à forca e ao esquartejamento. Além disso, era comum, nos aniversários da rainha e no de seus filhos, conceder graças e indultos em quantidade, consolidando sua imagem de governante clemente junto ao povo.

Apesar da distância, e do clima de insatisfação, Maria esteve simbolicamente presente na execução. Na igreja do Carmo, a voz tonitruante do padre dava "graças ao Senhor" pelo Rio de Janeiro estar isento do "contágio" da terrível conspiração. Música celestial e um coro de várias vozes emolduravam uma riquíssima armação no arco-cruzeiro. No centro, um enorme retrato, do qual Maria, severa, parecia zelar sob sua gente. A seus pés, de joelhos junto da esposa durante todo o *Te Deum*, o vice-rei. O objetivo era reforçar os laços entre o rigor e a compaixão da rainha. E que a vontade régia fosse pública e lembrada por todos. Os autos de devassa da Inconfidência Mineira registram bem esse momento:

> Estava a rainha nossa senhora assentada no seu trono; ao seu lado direito se viam as armas do reino de Portugal, com estandartes, caixas de guerra, peças, balas e outros instrumentos bélicos; tudo isso guardava Hércules, que estava com a maça sobre o ombro, mostrando não só a força, mas também a segurança da monarquia. Ao lado esquerdo de sua majestade estava Astreia com todas as insígnias da justiça, olhando para a soberana, como manifestando-lhe a sua prontidão na execução de suas leis. Sua majestade com a mão esquerda tocava o próprio peito, e com o cetro, que tinha a mão direita, apontava para a figura da América, que aos pés do trono, posta de joelhos, muito reverentemente lhe oferecia uma bandeja de corações, que significavam o amor e a fidelidade dos americanos. Mais ao longe, e como em campo muito distante, se viam os sublevados, representados na figura de um índio posto de joelhos [...] protestando a eterna vassalagem e suplicando a piedade da soberana, a qual dava a conhecer que atendia mais aos influxos de sua clemência do que aos impulsos da justiça, porque se via que a fama levava a todas as partes do mundo a glória de seu imortal nome.

***

Além desses obstáculos, a ordem era reformar, à maneira dos grandes soberanos, como Frederico da Prússia ou Maria Teresa da Áustria. A começar pelo exército. Mas enquanto esses se preocupavam em bem nutrir e bem pagar soldados eficientes, o casal de monarcas se preocupava com as ordens militares do reino: a de Nosso Senhor Jesus Cristo, a de São Tiago da Espada e a de São Bento de Avis. Reformaram-nas e instauraram novas categorizações dentro delas, organizaram a precedência nos atos oficiais e preocuparam-se com a igualdade do estatuto de cavaleiros. Mas o armamento continuava velho e pouco.

O homem forte do reino de Maria foi um ex-assistente de confiança de Pombal: Diogo Inácio de Pina Manique. Ele se tornou superintendente do transporte de homens e munições do Exército e logo assumiu a superintendência geral dos contrabandos e descaminhos da Administração da Companhia de Pernambuco e da Paraíba, empresa privilegiada e monopolista criada por Pombal. Em 1778, fora nomeado intendente geral da polícia da corte e do reino e conselheiro de Estado. Pina Manique implantou uma política de repressão incessante à "vadiagem" e de limpeza das vias públicas, conhecidas pelo mau cheiro e pelo descuido com dejetos de homens e animais. Ele combateu a criminalidade, os furtos e os homicídios e perseguiu com atenção a difusão de ideias iluministas e os estudantes identificados com os chamados "francesismos", ou seja, a adesão aos ideais maçônicos, a preocupação com fraternidade e igualdade e a defesa dos autores iluministas. Foi também ele quem idealizou a Casa Pia de Lisboa e a Casa da Força, onde órfãos e mendigos eram recolhidos e reeducados pelo trabalho. Os que tinham jeito para as artes podiam prosseguir estudos em Roma, pagos pela rainha. E os que quisessem seguir medicina podiam estudar nas universidades de Londres, Edimburgo ou Copenhagen. Aliás, dois anos depois de sua fundação, as instituições funcionavam razoavelmente bem, como mostra a notícia da *Gazeta de Lisboa* de 20 de maio de 1780:

> A rainha e el-rei nossos senhores, com as demais pessoas reais, no dia 3 do corrente foram ao Castelo de São Jorge a fim de ver a Casa Pia e os estabelecimentos anexos. Chegaram aí pelas quatro horas da tarde, esperando os mesmos senhores o intendente geral da polícia e seu ajudante, o desembargador Antonio Joaquim de Pina Manique, que tiveram a honra de receber suas majestades e altezas no fim da escada da casa de educação dos meninos, denominada de Santo Antônio. Entrando na primeira aula de desenho, demoraram-se algum tempo a examinar miudamente as lições e progressos dos que exercitam esta arte [...] Depois passaram a ver os meninos aplicados a ler e escrever, instruídos na gramática portuguesa pela arte que dela compôs Antonio José dos Reis Lobato, os quais tiveram a honra de lhes apresentar suas matérias, o exame das quais ocasionou aos mesmos senhores um notável gosto por verem tantos indivíduos que, não sendo educados, caminhariam para a perdição, agora aproveitados e com princípios de se fazerem úteis ao Estado. Desta casa passaram à dos mendigos e, entrando em suas camaratas, viram o asseio com que eram tratados. Depois à casa da Fazenda, onde, descansando por espaço de meia hora, miudamente examinaram todas as manufaturas de seda, algodão e lonas que no pouco tempo do estabelecimento destas fábricas se haviam manufaturado, louvando muito a sua perfeição [...] Ultimamente, passaram à Casa de Santa Margarida de Cortona, a fim de verem as fiações das mulheres nela recolhidas e, depois de examinarem tudo, se retiraram pela mesma parte por onde haviam entrado. Tudo estava posto em trabalho, o que se continuou enquanto os mesmos Senhores andaram satisfazendo a sua curiosidade.

Pina Manique também controlava a chegada de migrantes do interior, que encaminhava ao Exército ou à Marinha. Na Casa Pia, produzia material para as forças armadas e formava mestres de ofícios.

Os que se mostravam mais aptos recebiam educação complementar de escrituração comercial, língua francesa, aritmética militar, desenho, farmacologia. Os mais dotados seguiam para a Academia das Fortificações e da Marinha em Londres ou para a Academia de Portugal em Roma. Mas, sobretudo, Pina Manique lutou para perseguir toda e qualquer manifestação contra o absolutismo que Maria encarnava.

A memória dos lisboetas registrou a grande surpresa que o intendente fez à rainha, no dia em que ela festejava 46 anos: mandou acender setecentos lampiões na mesma noite, iluminando a cidade e dando segurança aos seus moradores. Lisboa cintilante: uma noite inesquecível! O reino contribuíra com um quartilho de azeite por morador e o restante ficara a cargo de cada um deles.

Escorada nos importantes ministros Martinho de Melo e Castro e Aires de Sá e Melo, antigos diplomatas que viam com bons olhos as alianças com França e Espanha em detrimento da Inglaterra, Maria também se apoiava nos ministros d. Thomaz Xavier de Lima e Vasconcellos Telles da Silva (13º conde de Vila Nova da Cerveira e 1º marquês de Ponte de Lima) e Pedro José de Noronha Camões de Albuquerque Moniz e Souza (3º marquês de Angeja e 4º conde de Vila Verde), aristocratas que nem planejaram grandes empreitadas nem eram benquistos pela população. Mas o comércio e a indústria prosperaram, a balança comercial exibiu seu primeiro saldo positivo em décadas e o Tesouro conheceu alguns anos de desafogo.

Contra as ideias de Pombal, de que o Estado devia incentivar o crescimento da incipiente indústria, Maria preferiu apoiar a iniciativa privada, na forma de fábricas e manufaturas no reino. A proibição de manufaturas no Brasil, datada de 1785, era parte do projeto de utilizar as terras ultramarinas exclusivamente como fontes de produção de gêneros alimentícios, garantindo o exclusivo colonial.

No campo diplomático, em 1783, Maria reconheceu a independência dos Estados Unidos da América, estabeleceu convenções com o Império de "Todas as Rússias" e fez tratados com o reino de Túnis, demonstrando não ter preconceito religioso contra protestantes, ortodoxos e islâmicos. Durante seu reinado, foram ativadas diversas academias científicas: a Academia Real das Ciências de Lisboa, a Aula Pública de Debuxo e Desenho do Porto, a Academia Real de Marinha, o Real Colégio da Luz, a Aula de Engenharia e Estudos Matemáticos da Academia Real da Marinha, a Real Academia de Artilharia, Fortificação e Desenho e a Real Academia dos Guardas-Marinhas. A rainha concedeu também inúmeras regalias sociais e econômicas aos militares soldados: criou uma casa para os inválidos, um montepio para viúvas e filhos de militares e fundou escolas militares destinadas a formar quadros competentes, com vistas a substituir o critério de origem social pelo de merecimento.

A marca do reinado de Maria, porém, foi o catolicismo. Nem podia ser de outra maneira: ela fora educada e modelada para isso. Era rainha por isso. Ela proporcionou inúmeras subvenções aos quase 1.500 jesuítas expulsos de Portugal e das colônias pelo marquês de Pombal, no reinado anterior, bem como a outras congregações. Em sua união com a Igreja, o Estado, através do padroado régio, fomentou projetos de educação das ordens católicas e construiu basílicas e igrejas. Sua preocupação catequética estendeu-se aos povos indígenas da colônia brasileira, com a criação de aldeamentos em Goiás e no Mato Grosso. Seus gastos eram com a Igreja: durante anos, enviou somas exorbitantes para Jerusalém. Ofereceu ao Santo Sepulcro uma lâmpada de ouro que se estimou em centenas de réis, ajudou conventos e fez construir igrejas. A fé era um valor supremo para ela. Que o diga o episódio em que um grupo de ladrões entrou numa igreja e, na pressa do assalto, espalhou hóstias pelo chão. Tomada pela consternação do ato sacrílego – afinal, era o Corpo de Deus que estava ali –, Maria decretou nove dias de luto e adiou todos os compromissos públicos. Ainda acompanhou a pé, de vela na mão, a procissão pelas ruas de Lisboa em penitência pelo acontecido.

Nos salões do palácio, os cortesãos também comentavam religião: a conversão recente de algumas inglesas protestantes fazia a alegria dos bispos: "Para trás, Satanás!". No convento de Alcântara, Belzebu teria entrado pessoalmente pela janela que dava para o Tejo, seduzindo várias freiras. Mas a decisão do arcebispo-confessor da rainha estava certa: todas elas foram entregues ao Tribunal da Inquisição. A janela do pecado foi murada, e todas as outras que abriam para o rio, pintadas com uma cruz para afugentá-lo. Bruxas e duendes também faziam das suas: no convento de Santa Clara, puseram fogo para assustar as monjas. Em Coimbra, nos recolhimentos de Mofreita e Loreto, locais de romaria e piedade, o Menino Jesus, Nossa Senhora e vários anjos apareciam regularmente, deixando estigmas nas mãos de duas religiosas. A tais "santas aparições" sucederam "vexações do demônio e pecados", encarnados em ninguém menos do que o bispo de Bragança que copulava com as internas. Na igreja da Paixão da Graça, um mouro se converteu, tornando-se sacristão em São Roque. Um desembargador gabava-se de ter uma pérola, em pó, da rainha d. Mariana, que o protegia da febre quartã. Pelas mãos de outro, passava o processo de uma bela mulher que comia crianças. Ela se oferecia para amamentá-las e elas desapareciam! Depois de ter devorado mais de vinte, foi entregue à Inquisição.

Apesar do clima místico da corte e de conviver com fantasmas e escrúpulos, a personalidade de Maria impressionava até cronistas protestantes. William Beckford foi um que entrou em êxtase, ao encontrá-la na quinta dos condes de Cantanhede, em Sintra:

> Não tardou a chegar a rainha, que vinha da merenda, acompanhada por sua irmã e nora, a princesa do Brasil, sentando-se diante da janela de grade, detrás da qual eu estava. Impressionou-me seu aspecto muito digno e conciliador. [...] A justiça e a clemência, esta divisa tão mal aplicada na bandeira da odiada Inquisição, deveria ser transferida com a mais estrita verdade para esta boa princesa [...] Seria impossível exceder o profundo respeito, o decoro cortesão, que a sua presença parece inspirar. O conde de Sampaio e o visconde de Ponte de Lima ajoelharam-se diante das

augustas personagens com a veneração – imagino eu – não inferior à dos muçulmanos diante do túmulo do seu profeta ou a dos tártaros na presença do Dalai Lama.

Desde a morte do rei d. José I e da aclamação de Maria, a família real residia no alto da colina da Ajuda, na chamada Real Barraca, aquele "enorme barracão de madeira denegrida pelo sol e fustigada pelas rajadas da chuva", criticavam diplomatas. À semelhança do que aconteceu com seu pai, a rainha nunca mais voltou a dormir no Palácio de Belém. Continuou, contudo, a jantar na quinta de baixo e a usar as cavalariças e as cocheiras lá existentes, além de ter construído viveiros para albergar pássaros exóticos e feito obras no Palácio do Pátio das Vacas, porque naquele espaço funcionavam as secretarias de Estado dos Negócios do Reino e da Justiça.

A corte, além de residir no palácio da Ajuda, também passava longas temporadas em Queluz. E sempre que precisava frequentar as águas termais nos "banhos das Alcacerias", em Alfama, instalava-se no Terreiro do Paço, reerguido por Pombal em seu plano de reconstrução da cidade após o terremoto de 1755. E, quando aí estava, era comum ser noticiada a passagem de suas majestades e suas altezas pelo "Palácio da Praça do Comércio". Graças à dimensão da praça, era também nela que a família real assistia aos espetáculos mais grandiosos, que, muitas vezes, envolviam amplo número de populares. Quando saía pelas ruas da cidade, seu coche era rodeado alegremente de gente, pois Maria tinha o hábito de distribuir moedas à multidão. Sentia-se feliz ao fazê-lo.

Apesar dos esforços, durante o reinado de Maria, a administração local e regional não assegurava as necessidades básicas das populações, que pagavam a maior parte dos impostos, produziam uma importante parcela do sustento do país e ainda defendiam a integridade da nação quando a guerra espreitava. Exploradas no trabalho pelos proprietários de terra, sem defensores isentos na Justiça e sem meios para fazer ouvir suas pretensões ou suspender abusos que as autoridades administrativas ou jurídicas exerciam sobre elas, eram muitas vezes obrigadas a abandonar suas terras ou consentir no desrespeito dos seus direitos. A paz que se respirava no país ao final do século XVIII não era mais do que uma ilusão. Uma aparência. As carências nutriam um surdo sentimento de revolta que explodiria mais à frente, quando da chegada das tropas de Napoleão.

4

Os prazeres e os dias dos reis

Como vivia o casal Maria e Pedro? Marido e mulher transitavam regularmente entre seus aposentos. Os quartos dos membros da família real, na Real Barraca, contemplavam um conjunto de divisões, cada uma com sua função, de caráter mais privado ou público, onde estavam incluídas as zonas das refeições, dos banhos, os toucadores das senhoras, os espaços para jogos, música, recepções etc. Conforme a planta da Real Barraca, a maior parte dos quartos se concentrava na ala Sul, por questões térmicas e de melhor luminosidade nas épocas mais frias.

Ali almoçavam provavelmente separados, como era praxe nas cortes. O almoço, que antes era o nome dado à primeira refeição do dia, logo cedo, passou a acontecer por volta do meio-dia, tomando inicialmente o nome de "almoço de garfo", distinguindo-se assim da colação anterior, o "pequeno almoço", nosso atual café da manhã. Mantinha-se, no entanto, uma refeição leve e rápida para os padrões da época. A definição do dicionário de Bluteau, de 1712, corrobora essa ideia: segundo ele, a palavra almoço parece derivar "do arábico *al* e do latim *morfus*, que vale o mesmo que *mordedura*, porque almoçar é dar quatro mordeduras e comer quatro bocados". Muitos criados serviam à mesa, impecavelmente fardados, com uniformes feitos na Real Fábrica de Sedas. O copeiro era a figura principal, pois lhe cabia a apresentação dos doces, dos pratos frios e das bebidas à mesa, além do comando dos moços da copa. A mesa "era posta" conforme a conveniência e, muitas vezes, nos próprios aposentos privados.

Os perfumadores eram peças empregues para a purificação do ambiente. Os perfumes eram considerados "bons contra a peste" e tinham como finalidade também "exalar o cheiro com que se perfuma a roupa, os vestidos etc." Os preferidos para o efeito eram o "incenso", as "pastilhas" e os "pevides".

Até o século XVIII, à semelhança das refeições, a higiene e a *toilette* eram rituais que se realizavam no quarto, ou seja, nos aposentos privados. As peças essenciais de uso diário da família real eram abrigadas em caixas fabricadas sob medida, usadas para um transporte seguro desses objetos, sempre necessários nas suas deslocações. Nelas cabiam desde penicos até bacias e jarros para abluções, canecas, esquentadores de cama, candeeiros, tesouras, instrumentos para barbear-se etc. Era a "prata do quarto", que servia à mesa, mas também se compunha de objetos voltados à higiene e à escrita.

Maria e Pedro visitavam igrejas, seguiam procissões, faziam a Quaresma, e nem por isso descuidavam do lazer e do prazer. Dotado de gosto para as artes, d. Pedro fizera construir um magnífico palácio em terras que seu pai lhe dera: Queluz. Desde 1747, ainda no reinado do pai, Pedro vinha se dedicando à sua transformação, para que o palácio se tornasse um lar perfeito e merecedor da família que pensava em constituir com a sobrinha. Escolheu para a obra o arquiteto Mateus Vicente de Oliveira. Um verdadeiro exército de pedreiros, carpinteiros e canteiros vivia em Queluz para construir o edifício. Ali se improvisaram fornos de tijolo e cal, e materiais foram trazidos de Sintra, Cascais, das pedreiras reais de Mafra, de Vila Chã e Ponte Pedrinha, zonas próximas, o que facilitava o transporte. Os mármores escolhidos e aplicados na construção vieram da Itália, mais especificamente de Gênova. A propriedade possuía capela, jardins, teatro, lagos, bosque, espaços destinados a festas e recepções ou divertimentos como a ópera, uma praça de touros, assim como um canal para passeios de barco. Foi o primeiro palácio a agrupar áreas tão diversificadas de lazer. Ao mesmo tempo símbolo da arte e do prestígio de um mecenas, mas sem a pretensão de rivalizar com o palácio de Versalhes, Queluz se aproximava mais de uma verdadeira *villa* romana.

Nas noites nos palácios, o casal apreciava a companhia de médicos e cirurgiões famosos, matemáticos, poetas e escritores. Ambos adoravam música, e seus músicos os acompanhavam aonde fossem: a Salvaterra, Belém ou Caldas. Em 1787, William Beckford diria que a orquestra da Capela da rainha de Portugal "ainda é a primeira da Europa: em excelência de vozes e instrumentos nenhuma outra deste gênero, nem mesmo a do papa, se pode gabar de ter reunidos tão admiráveis músicos como estes. Para onde sua majestade vai, eles acompanham-na, seja a uma caçada d'altenaria em Salvaterra, seja a caçar a saúde nos banhos das Caldas", para concluir, com alguma ironia, que a rainha vivia rodeada "dum rancho de mimosos cantores, tão gordos como codornizes, tão gorjeadores e melodiosos como rouxinóis".

Maria estava sempre se locomovendo pelo país, fazendo visitas, indo de encontro às pessoas. Mas não andava só. Pedro estava sempre ao seu lado. Iam juntos à Tapada de Vila Viçosa, beneficiada com obras de reparação e ampliação, onde, mesmo debaixo de chuva, caçavam "veados, gamos e javalizes". As estadias naquela vila chegavam a durar cerca de dois meses. A corte, quando sediada em Vila Viçosa, não caçava somente na Real Tapada, porque em alguns dias, segundo se noticiava na *Gazeta de Lisboa*, "se tem divertido com as montarias, que se fizeram em diferentes lugares daquela Província".

Para além dos lugares referidos, onde a corte se detinha por prazos mais ou menos longos, também outras casas de campo eram frequentadas por períodos mais curtos ou menos regulares, mas onde era propício para "se divertirem no agradável exercício da caça", informava sempre a *Gazeta de Lisboa*.

A coutada de Pancas, não muito distante de Salvaterra, era, então, um destino comum. Não poucas vezes partiam de Lisboa, embarcando "no real sítio de Belém", e, passando pela baía do Tejo, iam se "divertir alguns dias na coutada de Pancas". O sítio do Calhariz também fazia parte do itinerário de caça, podendo acontecer de "suas majestades e altezas, depois de se haverem divertido alguns dias no sítio do Calhariz e seus contornos", passarem para Palma, "casa de campo do conde Meirinho mor, onde se entretiveram com o exercício da caça".

Mais raramente, a corte também se deslocava para a Lagoa de Albufeira, com o propósito de se "divertir com a caça dos galeirões". Essas caçadas proporcionavam uma grande aproximação entre a soberana e os moradores dos lugares onde o evento acontecia. Ora os moradores recebiam ordens de se aproximar dos soberanos – como quando "se fez segunda montaria para a parte de Almeirim, à qual haviam de concorrer todos os moradores de Santarém, por ordem que haviam recebido" –, ora os encontros eram espontâneos e resultavam em pedidos que eram atendidos: porque o "exercício da caça" ia "livrando os moradores daqueles contornos dos danos que recebiam dos lobos e raposas". Ou, por exemplo, se mandavam "concertar os caminhos", como sucedeu com os que iam "de Vila Viçosa para Alter do Chão, e para Vilaboim, para a corte ir ver as crias de grande número de éguas que há naqueles campos, e nos de Roncão". Muitas vezes, o rei lhes fazia "grandes mercês deferindo a muitos requerimentos".

Outro divertimento sempre presente e que muito agradava ao casal e à sua corte eram as touradas. Estas tinham a virtude de serem momentos de festa espontânea, que não careciam, como outros, de especiais encenações para exaltar a alegria e a emoção. Uma notícia mais singular dá-nos conta de que, em Salvaterra de Magos, "se divertiu toda a família real vendo a peleja de um javali com um touro".

Nesta linha de divertimentos organizados por d. Pedro em Queluz, eram muito comuns as carreiras de cavalos. Quando realizadas à noite, as festas tinham seu auge com fogos de artifício, sempre muito apreciados. Assim sucedeu "no dia de São Pedro na casa de campo de Queluz, onde o sereníssimo senhor infante d. Pedro lhes deu o divertimento de verem diferentes artifícios de fogo do ar, não só fabricados nesta cidade, mas mandados vir da Itália", numa festa que foi qualificada pela *Gazeta de Lisboa* como tendo tido "muita magnificência, muita profusão, bom gosto e boa ordem".

Enquanto as caçadas, os "combates de touros" e os passeios eram divertimentos que se realizavam ao longo do dia, a noite era normalmente reservada para a ópera. Assim, em Mafra ou noutro local onde a corte se encontrasse, era sempre possível, de noite, ouvir uma "serenata da nobre música italiana, distinguindo-se muito nela as suaves e excelentes vozes dos grandes músicos Egypciel e Raff", como noticiava o jornal da capital. A duração média das representações era de cerca de seis horas. O casal assistia às operas e conversava sobre elas, seus libretos e música, que eram, aliás, de excelente qualidade. Os cantores estrangeiros que cantassem em Portugal eram aclamados em outros países.

No teatro, encenavam-se peças de Molière, Goldoni e Metastasio, autores estrangeiros perfeitamente integrados ao lazer português. Com um único detalhe contado com ironia por lorde Beckford:

> Sua majestade, que, claro está, é toda prudência e devoção, correu com as mulheres do palco e deu ordem para que os seus papéis fossem desempenhados por frangotes. Imagine o lindo efeito desta metamorfose, especialmente nos bailados, onde aparece uma corpulenta pastora, envergando trajes de virginal brancura, a barba espalhando, largos ombros, com um presumido chapeuzinho de bada e uma grinalda rosa e um ramalhete seguro em mão capaz de derrubar o gigante Golias...

A prática do jogo, sobretudo um jogo de cartas conhecido como faraó, muito estimado pelo rei francês Luís XV, era bastante popular nas noites no palácio e em muitas casas nobres lisboetas. À semelhança do que já havia sucedido no reinado anterior, o jogo se tornaria "um momento privilegiado para aprender, mas também exercitar os atos da civilidade". O casal recolhia-se a Belém ou frequentava a feira que ali se realizava, para ouvir tocar modinhas populares pelos rabequistas. O casal frequentava os amigos, como indica a correspondência: "Iremos a Sintra, pois nos convidou o conde de Cantanhede". E por que não dançariam juntos minuetos, contradanças ou um *passe-pied*, tão na moda entre a elite lisboeta?

Sempre com Pedro, Maria acompanhava as obras em andamento em Queluz, ou iam "a Caxias ver sair as naus de guarda-costas contra os mouros" ou, ainda, acompanhavam o lançamento de balões aerostáticos. Faziam novenas a Nossa Senhora das Dores, quando o tempo ficava ruim e os lavradores perdiam sua colheita, e ainda participavam das funções da Semana Santa, que compreendia a cerimônia do lava-pés dos pobres. Também iam aos Mártires, igreja do Bairro Alto, ou a Carnide, onde seguiam procissões em homenagem a Santa Teresa. Acompanhavam as procissões com a mesma frequência de "quem vai à ópera".

E, quando da procissão do Corpo de Deus, viam vestir de festa a Sé Patriarcal, cuja fachada era ornada com o maior luxo, e as casas, lojas e palácios da praça se cobriam de damascos vermelhos, tapeçarias de cetim e cobertas franjadas de ouro. Juntos, entre nuvens de incenso, assistiam elevar a custódia, cravejada de brilhantes e iluminada pela luz de centenas de velas. Nos últimos três dias do entrudo, os chamados "dias gordos", o casal acompanhava de longe as senhoras que, das janelas, munidas de cartuchos de talco ou de bexigas de goma elástica, seringas, garrafas, potes e cântaros, despejavam água sobre quem passasse na rua.

Maria frequentava, também, o que chamava de "meu convento", o do Sagrado Coração de Jesus, onde se aconselhava e conversava com sua amiga, a carmelita Teresa de Melo, proveniente de uma família nobre. Antes de professar e vir a ser escolhida para priorar o convento da Estrela, Teresa fora dama da rainha d. Mariana, mãe de Maria, e sempre esteve na esfera íntima dos monarcas. Como mencionado anteriormente, passaram a infância juntas. Ambas bastante místicas, Teresa veio a ter muita influência sobre Maria.

A cerimônia de beija-mão na corte de Maria nada tinha de formal. Segundo o embaixador francês:

> o beija-mão é aqui, como em Nápoles, constituído por uma numerosa fila de pessoas de diversos estados que saem do alinhamento e, de fato, beijam a mão da rainha que está sentada e a dos príncipes e princesas da família real. Há, contudo, uma enorme diferença entre o luxo da corte das Duas Sicílias em tais ocasiões e a simplicidade da de Portugal. Os cortesãos, com exceção de dez ou doze, vestem-se ridiculamente ou com baratez.

Quando da passagem de Maria pela fábrica de vidros da Marinha Grande, da qual era proprietário o inglês William Stephens, outro inglês, o dr. William Withering, deixou em sua correspondência a seguinte observação, que dá uma ideia do tamanho do deslocamento:

> O senhor Stephens teve a honra de receber a rainha e a família real de Portugal durante três dias, em 1788. Os acompanhantes de sua majestade, juntamente com um vasto fluxo de pessoas dos campos ao redor, formavam uma assembleia de vários milhares. Foram empregados 32 cozinheiros e proporcionados estábulos para 853 cavalos e mulas. Para crédito da honestidade e da sobriedade dos portugueses, só se perderam duas colheres de prata entre as sessenta que foram usadas e, embora fosse colocado vinho nos aposentos usados pelos criados, nem um único homem foi visto bêbado.

Nas datas de seus aniversários, lhes eram oferecidos esplêndidos banquetes. Sobre as mesas, objetos decorativos, como pequenas estátuas de porcelana ou prata, intercalavam o *ambigu*, uma seleção de pratos salgados e doces, frios e quentes, dispostos sobre travessas e terrinas de prata. E, para embelezar a mesa, cestas de prata recheadas de flores. No centro das mesas, fabulosos *surtouts*, ou seja, enormes tabuleiros encimados por conjuntos escultóricos representando deusas gregas ou "as nações europeias", cada um iluminado por várias serpentinas, ou seja, candelabros de seis velas, tudo em prata ou vermeil.

Com Pedro, de vez em quando organizava "merendas" ou "refrescos" ao ar livre nas diversas residências reais de Caxias ou Queluz. Mesas de pedra revestidas de toalhas finas ofereciam, em porcelana de Sévres, todo tipo de delícias na forma de doces, bolos e carnes. Depois, ouviam-se os sons do fandango, tocavam-se castanholas e servia-se o "cadê", bebida alcoólica que causava sono em muitos convidados, acordados depois por um café que garantia sua volta a Lisboa. Nos banquetes em dias de festa de São João ou São Pedro, servia-se vinho da melhor qualidade, como os moscatéis Moscato di Sanhoran e Fomtinhage, Rozasolis e os franceses de Borgonha, os Lafite e os alemães brancos do Reno. O que sobrava das refeições copiosas era sempre dado aos pobres.

Cozinheiros famosos eram contratados para fazer o cardápio. Maria era gulosa. Seu mestre de cozinha, o francês Lucas Rigaud, introduziu a noção de gosto – ou melhor, de bom gosto, por oposição ao "gosto vulgar" do povo. Atrás de fogões reais em Paris, Londres, Nápoles e outras cortes europeias sofisticadas, apresentava-se como *Cozinheiro moderno*, título de seu livro de receitas. Rigaud trouxe receitas internacionais para a mesa real portuguesa: pratos à Provençal, à Chantilly, à Montmorency e outros que faziam a alegria do estômago dos reis. Rigaud fazia também harmonizações: o "coelho à portuguesa" era acompanhado de um ragu de cebolas à francesa. A tradicional "sopa de lampreias à portuguesa" levava alho-poró, conhecido em Portugal como alho-francês. Sem abandonar preocupações dietéticas, que o faziam preparar sopas para remediar doenças de peito, defluxos catarrais, obstruções do fígado e outras, ele não economizou em receitas de doces variados, como manjares brancos, fatias douradas, doces de colher, biscoitos e compotas de frutas. Os doces feitos nos conventos, notadamente o das Clarissas de Évora ou do Cruxifixo, eram muito consumidos. Em tabuleiros na cabeça de carregadores vinham marmeladas e geleias feitas no convento de Odivelas, indo direto para a mesa de Maria e Pedro.

Fora do jejum obrigatório da Quaresma, que Maria vivia devotamente em Salvaterra, ela se enchia de sorvetes, para os quais se abastecia com a neve vinda da Real Fábrica de Gelo, na Serra de Montejunto. Lá, o "neveiro real" providenciava o necessário para a corte. O gelo vinha do alto da serra, onde era produzido em tanques próprios e, depois, envolto em palha, trazido no lombo de burros até o pé da serra. Daí era transportado em carros de boi até a Vala do Carregado, onde embarcava no interior dos "barcos das neves", que seguiam para Lisboa. À neve e ao açúcar juntavam-se frutas, sendo as mais apreciadas o limão e a laranja. Para a neve, ou sorvete, usavam-se copos próprios. À tarde, por influência inglesa, tomava-se chá. Ao servi-lo, os criados tinham de apoiar um joelho no chão, costume só abolido em meados do século XIX.

Mas a verdadeira paixão de Maria era o chocolate, produto exótico e de elite. Seu uso era frequente em diversas refeições, além de ser considerado nutritivo, fortificante e afrodisíaco. As listas de compras da despensa real revelam a chegada de arráteis ou arrobas do produto, quando não vinham em grandes caixas da Itália ou da Espanha. Em jantares que oferecia em Bemposta ou Queluz, Maria fazia servir o chocolate na forma de bebida fria ou quente ou em doces, como bolos, pudins e cremes, com os quais gostava de presentear os familiares e amigos. Para seu uso pessoal, preparava a preciosa especiaria numa chocolateira de prata fabricada pelo ourives François Thomas Germain. Estrangeiros como Arthur William Costigan ou William Beckford ficavam encantados com a abundância de chocolate servida nas casas nobres ou no palácio. Satisfeita e bem alimentada, era comum ouvir Maria cantar, assim como suas irmãs, depois dos banquetes.

Na corte, o casal tinha a diversão assegurada por anões ou "anainhos", como eram chamados. Tradição nas cortes espanhola e inglesa, eles tinham papel de bufões, de cômicos que faziam graça, mas também conheciam todas as fofocas da corte, que se apressavam em relatar aos monarcas. D. Maria recebera como presente do governador de Moçambique um casal de anões que adorava: Ana e Sebastião, excelentes músicos. Foram expedidos com seu respectivo guarda-roupa, composto de armas e joias, pele de onça, barretes de cabelo de porco montês ou de penas, calções, vestes, anáguas, saias e roupinhas de miçangas. Assim que chegaram a Portugal, juntaram-se a mais cinco anões, entre os quais um pardo, um branco sempre vestido de índio e outros três negros, um dos quais vítima de vitiligo acentuado, o que lhe dava aspecto de pantera. Chamava-se Ciríaco, viera de Catingumba e era considerado por d. João "a coisa mais galante que pode ser". Suas características exóticas tinham que ser valorizadas, e elas deleitavam a rainha. Os anões participavam de representações alegóricas e outros divertimentos cortesãos, entre os quais uma "mascarada nupcial", que acabou por incentivar um quadro pintado por José Conrado Rosa.

De passagem por Portugal, em 1787, o inglês William Beckford registrou em seu diário de viagem que, mesmo depois que Pombal deu liberdade aos africanos chegados a Portugal, havia se tornado de "bom tom [...] andar rodeado de pretinhos africanos [...] e vesti-los o melhor que se possa". A soberana dava o exemplo: "A família real anda à compita a ver quem é que faz mais mimos e carícias à dona Rosa, a favorita da rainha, preta, beiçuda e de nariz esborrachado".

Presentes como o casal Ana e Sebastião mostravam a fidelidade e a deferência dos súditos nas terras do além-mar, além de demonstrarem a diversidade humana nas terras exóticas. O exotismo tinha se tornado moda nas cortes europeias. Todos queriam ter macacos, papagaios, plantas e outras "raridades" do mundo natural.

Os trabalhos e os dias nos palácios transcorriam sem maiores problemas. Não havia intenção que Maria não comunicasse a Pedro, nem conselho que não lhe pedisse. Havia entre os dois uma fraternidade de propósitos que permitia à rainha ter também um coração de rei. Talvez por isso a administração do governo, tradicionalmente função masculina, tenha sido seguida com competência por Maria até que as perdas afetivas começassem a se acumular.

***

Em maio de 1778, d. Mariana, a rainha velha, passou mal. Em julho, houve uma recaída, que a levou a Aranjuez, para convalescer. Recuperada, passou a levar agitada vida cortesã na corte de Madri, onde ratificou o segundo tratado de El Pardo, aproximando Portugal e Espanha. Com seu irmão Carlos III, multiplicou caçadas e jornadas. Mas uma queda a confinou a uma cadeira de rodas. De volta a Lisboa, apagou-se na Real Barraca, em 15 de janeiro de 1781, aos 62 anos. Foi enterrada na igreja de São Francisco de Paula.

Para Maria, foi o fim dos bons conselhos, dos jogos de cartas até tarde, das histórias de caçadas que ela gostava de contar. Profunda tristeza apontou depois da morte da mãe. Foi um golpe que a tocou muito de perto. O arcebispo d. Manuel de Santo Ambrósio tentou "mitigar-lhe a vivíssima dor, que a penetrava, por ter perdido a mãe, conselheira exemplar". Dela vinha o amparo, as boas recomendações políticas. E na tradição católica o frei a consolava, dizendo: "Queria o Senhor provar a paciência da rainha porque a amava e deixou cair sobre ela o peso do seu braço". Quanto mais amada por Deus, mais castigada...

À prima d. Josefa, ela escrevia, queixando-se de "sentir infinitamente a falta de minha amada Mãe e Senhora, pois lhe devia o maior carinho [...] esta lembrança tem aumentado o pesar, fazendo-me este golpe sensível". Ao tio, Carlos III, rei da Espanha, confessava: "Vossa majestade teve por saber que ainda continua a minha grande aflição que me causou a falta de minha amada mãe e senhora, tão digna da nossa eterna lembrança, e o interesse que vossa majestade tem que esta pena não prejudique a minha saúde".

Apesar de abalada, Maria tinha que se preocupar com o futuro dos filhos e garantir alianças para o trono português. Um projeto teve início em 1783, segundo carta de d. Maria à futura sogra de d. João:

> Procurando eu sempre achar meios de aumentar quanto for possível os laços de parentesco e afeto que existe entre nós e achando mais adequado para este efeito poder conseguir a satisfação de se ajustar o casamento de meu filho o infante d. João com a infanta d. Maria Carlota.

Tratou-se, então, de um casamento geminado, ocorrido em 1785, como parte da política de aproximação entre as coroas ibéricas, iniciada por d. Mariana. É verdade que, apesar dos interesses muitas vezes conflituosos, não se podiam ignorar os laços políticos que uniam as duas coroas no decurso de toda a época moderna, sustentados pela consanguinidade. De natureza igual, já havia ocorrido aliança recíproca entre as duas coroas, no caso o casamento de d. José, seu pai, e d. Mariana Bárbara, ambos de Portugal, com, respectivamente, d. Mariana Vitória de Bourbon e d. Fernando, da Espanha. Portanto, com o duplo matrimônio que agora se afigurava – do infante português d. João com uma princesa espanhola e do infante Gabriel com a linda princesinha portuguesa d. Mariana Vitória – mais se estreitariam os laços da aliança peninsular.

A união de dois irmãos com outros dois irmãos promoveu uma troca de princesas às margens do rio Caia, que separava os dois reinos. Da Espanha, viria d. Carlota Joaquina, filha dos príncipes das Astúrias e futuros herdeiros do trono espanhol, d. Carlos IV e Maria Luísa de Parma. A 22 de abril de 1785, a família real partiu em barcaças pelo Tejo e depois tomou coches, acompanhada por um grupo de cortesãos, na direção de Vila Viçosa. No dia 27, a comitiva da princesa espanhola chegava ao pátio do palácio. Canhões e regimentos alinhados dispararam 21 tiros. O noivo, d. João, ajudou-a a descer do coche. D. José e d. Maria Benedita deram-lhe as boas-vindas. No interior do palácio, Maria e Pedro viram chegar uma menina pequena e feiosa. Mas ao escrever ao seu tio, em Madri, Maria o informou da "chegada da nossa amada Carlota, que é tão bonita e viva e crescida para a idade".

No dia 11 de maio, da janela do mesmo palácio em Vila Viçosa, Maria viu se afastar o coche que levava sua filha para a fronteira. Não sabia se voltariam a se reencontrar. D. João, que adorava a irmã, não deixou de registrar: "não houve uma grande tempestade que coroou este dia triste e amargo, um dia em que não passei um único momento sem lágrimas nos meus olhos". A jovem atravessaria os caminhos de terra e os planaltos batidos de vento frio, onde camponeses pobres aravam a terra. Era o preço de ser uma Grande de Espanha. Era o preço da política contemporizadora de Portugal.

A tristeza da partida da filha foi mitigada com a chegada da infanta Carlota, que era espevitada e inteligente. Maria se encantou com a menina nora. A pequena deixara a corte espanhola aos 10 anos e se agarrou a Maria. Juntas passeavam, a rainha a cavalo e a infanta em lombo de burro. Juntas pescavam à beira de lagoas, em Caldas. Maria achava Carlota "engraçadíssima" e se divertia em ver a garotinha conversando como adulta com mulheres de embaixadores. Passava longas horas com Carlota, que a acompanhava em todas as saídas. Iam à ópera juntas – "Carlota gostou muito da ópera [...] com cenas e vestidos do maior gosto", escrevia à filha Mariana Vitória. Sobre o aniversário do infante d. João, que era celebrado na festa do santo de mesmo nome, quando se faziam fogueiras em todas as cidades e havia barulhenta queima de fogos, Maria escreveu: "A Carlota lá esteve e gostou". "Pode estar certa que estou amando a nossa filha Carlota como ela certamente merece, pois me mostra o maior carinho. Procuro que ela faça tudo como é razão e dê sempre as suas lições [...]

acho que está mais gorda e crescida." Mas também reprovava a teimosia e os maus modos da menina, que emergiram quando a família se mudou do Paço, em Lisboa, para o palácio de Queluz. Sem crianças de sua idade para brincar, Carlota apegava-se cada vez mais à rainha, permitindo-se todo tipo de atitude mimada.

É possível acompanhar a vida de Maria ao longo de dois anos por meio de sua correspondência semanal com a filha Mariana Vitória. Nas linhas, lê-se o coração da mãe atenta à filha que se encontra em outra corte, sua preocupação com o seu bem-estar e felicidade, os avisos discretos contra a polêmica sogra Maria Luísa de Parma e os conselhos de como lidar com a aliança diplomática entre Lisboa e Madri. "Nada podia correr mal", aconselhava Maria, sabedora do pântano em que se movia Maria Luísa e das intrigas entre os corpos diplomáticos francês, inglês e espanhol contra Portugal.

Mas Maria também falava abertamente da iniciação sexual da jovem, da preocupação com o nascimento do primeiro neto, e dava notícias do cotidiano ao lado de Pedro. E, em todas as cartas, a marca de seu temperamento: jamais um reparo contra alguém, jamais uma queixa, jamais uma intriga, jamais a denúncia de uma fonte. Sem falar em política, Maria era dona de grande sabedoria prática e procurava passá-la à filha.

Suas cartas palpitavam de carinho e solicitude. "Minha filha do meu coração." Assim começavam as cartas, em que ela assinava: "Tua mãe, que muito te ama, Maria". Mal o coche levando a jovem de 16 anos para Aranjuez se afastou na poeira, ela escreveu: "A consolação que tenho da minha saudade é já ter tido novas que até Vilaboim ias boa e esperar que vás desafogada e te animes e faça tudo com razão. Deus há de ajudar e fazer-te muito feliz". E mandava um saquinho de doces "para te divertires". "Não deixes de comer e de dormir", e enviava lençóis que faltavam nos pousos que acolhiam a infanta. "Teu marido me escreveu com grandes desejos de te ver." "Nós estamos bem." "O dia está bom." "Nunca me esquecerei de ti e ao jantar sempre me lembra a tua falta." "Tive a consolação de ver que confias no Coração Santíssimo de Jesus e que teus sentimentos são católicos, pois sem isso não há verdadeira felicidade." "Sempre te tenho na minha lembrança". "Mostres bons modos a todos."

Sobre o dia da chegada à fronteira espanhola, Maria lhe escreveu: "Deus permita seja com a mesma felicidade que até agora a tenhas como te desejo. O dia e a noite hão de ser trabalhosos. Manda-me dizer se tudo se fez como espero e vivas sossegada e ditosa, aconselhando-te com teu marido para conservares a boa união entre essa Real Família". Ou sobre a primeira noite: "Manda-me dizer como puderes se a princesa te foi deitar e te instruir no que devias fazer" ou ainda "não tenhas vergonha de me dizeres alguma coisa sobre isso porque já passei pelo mesmo". Entrando em mais detalhes, Maria ainda escreveu: "estarás já livre do trabalho da primeira noite. O tremor que tiveste é muito natural. Eu não te tinha dito nada a esse respeito, porque assentei que ele [Gabriel] não seria tão inocente, mas podemos dar graças a Deus por isso, pois não terás desgostos, e dize-me que já agora se acabou a vergonha".

A inexperiência do infante e o fato de o jovem não frequentar prostíbulos foram vistos como pontos positivos. Maria não escondia da filha a sua própria experiência na matéria, ao contrário das expectativas criadas pela imagem solene e fria de uma rainha. Maria nunca deixou de ser mulher. "Agora que estarás mais sossegada, manda dizer o que foram os presentes que te deram". E o cabeleireiro, a penteava bem? "Não ficas mal com o cabelo cortado", última moda na corte espanhola. Choviam notícias sobre o tempo: "Hoje, mais quente"; "hoje, tivemos trovoadas" ou "tempo formoso" ou ainda "tempo embrulhado". E, em quase todas as cartas: "Te deito a minha benção com o mais terno, o mais fino amor".

Quantas rainhas puderam contar com a amizade sincera e incondicional de um genro? Pois Maria contou. Uma relação mais do que amistosa a ligava a Gabriel de Bórbon, que, nas cartas em que lhe escrevia, nunca escondeu a admiração e o afeto que tinha por Maria. E ela por ele: "Faze sempre mil expressões do meu carinho ao infante" ou "faze-lhe mil expressões de minha amizade", escrevia à filha. A simpatia que os ligava se materializou em pequenos presentes que seguiam com as cartas: ele lhe enviava uma pequena bolsa, feita com suas mãos, livros que traduziu, além de "bagatelas". Maria retribuía com libretos de ópera, doces de batata, lenços, caixas de chá, chocolates italianos, leques de Macau, queijinhos do Alentejo, enfim, mil lembranças que só indicavam que, dos dois lados da fronteira, ela e a filha sentiam saudades uma da outra.

Mariana sentia falta igualmente do irmão, o infante d. João, e relatava:

> Não sabes o tempo que estive com o conde [de Lumiares, Manuel da Cunha] a perguntar-lhe o que fazias e como te divertias, porque ele me disse não poder haver vida mais sem sabor! Mas agora já não há outro remédio, senão ter paciência. Tudo isso faz renovar-me mais a pena de não gozar da tua companhia.

O desabafo dava conta da inexperiência da infanta Mariana, nascida e criada numa corte periférica, alheia aos requintados modos das grandes cortes europeias, onde o mínimo gesto era sinal de extraordinária cenografia e da decifração obrigatória de uma refinada linguagem. "Obsequiar", agradecer, querer bem e dar demonstrações de afeto eram passos na diplomacia familiar. Passados os primeiros tempos em que tudo era contentamento, a saudade aumentava diante do tédio do teatro aberto que era a corte espanhola. Maria tratava de proteger a filha.

A chegada de um neto iria confortar as saudades. E Maria perguntava: "Não me respondeste a respeito de te teres embaraçado. Aqui disseram que tinhas tido alguma falta, mas que se tinha desvanecido". "Posso ter esperança de ter um neto, vejo que são poucos dias de falta, mas, assim, se começa." A corte espanhola acompanhava os sinais da possível gravidez com todo o interesse. Um varão modificaria a sucessão do trono. "Dize-me o que sentes a teu Pai, não tenhas vergonha de falar nesta matéria em que ele tem grande gosto." D. Pedro não era o santarrão que pintaram.

Vê-se que o sexo e suas consequências nunca foram problema para o casal. Ao saber da gravidez da filha, d. Pedro lhe escreveu regozijando-se da boa notícia. De presente, enviou a Mariana Vitória uma "medida", ou seja, uma fita benta para colocar em volta da cintura e proteger o ventre. Acompanhava os "vômitos", proibia os espartilhos, recomendava andar devagar no coche e enviou-lhe enxoval "feito em Paris". "Não sentir por ora a criança não é coisa de cuidado. Eu, do primeiro, aos cinco meses é que senti claramente", explicava Maria.

Enquanto isso, d. João, então com 19 anos, escrevia à irmã sobre seu casamento com Carlota: "Faltam muitos anos até que eu possa estar com ela, o que é uma tortura". E desabafava: "Por enquanto não podemos ter prazer por ela ser tão nova e o seu corpo tão pequeno, mas virá o tempo em que brincaremos. Então serei feliz". Apenas dezenove meses separavam o nascimento dos irmãos, seis e sete anos mais novos que d. José. D. João e d. Mariana Vitória eram muito ligados, muito amigos, e as "rabiscas" – como chamava as cartas que enviava à irmã – demonstram que nenhum assunto era tabu nas suas conversas: "Também o que me dizes acerca da coisa amada, que não é bom ir atrás de choro; acho-te razão, mas quem está esfomeado [refere-se a d. Gabriel] não pode deixar de comer muito". Ou: "Não te acho razão em teres preguiça de fazeres o que tu sabes, mas se eu o pudesse fazer, estaria fazendo o que tu sabes".

Nesses dois anos, a saúde de Maria estava boa: "Estou boa, graças a Deus". "O estômago ainda me mortifica alguma coisa, mas não dá cuidado"; "O que padeço agora são algumas ânsias e não dormir bem"; "[...] há dias em que da ansiedade passo mais livre"; "Eu vou continuando melhor, Graças a Deus, e passeando a cavalo quando posso". Teve apenas uma séria inflamação na vista, que a levou à igreja de Santa Luzia em Lisboa, protetora das doenças nos olhos, para agradecer as melhoras.

5

Nossa senhora das dores

Cinco anos depois da perda da mãe, outro golpe. A 25 de maio de 1786, Maria perdeu o adorado marido. Contam cronistas que, por vezes, ela o encontrava chorando. Sua saúde vinha dando sinais de abatimento. No início de maio, ele deixara de viajar a Caldas da Rainha porque não se sentia bem. Maria escreveu à filha dizendo que d. Pedro "se achou alguma coisa pesado, e os médicos julgaram que tomasse umas bichas [sanguessugas] que o enfraqueceram". E, depois de um passeio ao Bairro Alto, assustou a todos. Segundo contou d. João à irmã:

> Andava muito devagar e, quando regressou, levou 25 minutos a chegar a seu quarto. Sentou-se na sua cadeira e olhou-nos aturdido, não falando, a menos que falássemos com ele. A rainha mãe perguntou-lhe se queria te escrever. Disse "sim" e, contudo, só escreveu disparates, pelo que ficamos muito consternados. Depois urinou na cadeira. Já nem se conseguia levantar.

Sobre o assunto, a *Gazeta de Notícias* publicou:

Um susto geral tem consternado os ânimos de toda a corte e de toda a gente pelo estado de moléstia em que se acha el-rei nosso senhor. Já no fim de semana passada foi SM acometido de alguns insultos paralíticos que se julgaram remediáveis com a extração de algum sangue por meio de bichas. O mal, porém, tem se agravado essa semana. A imagem do Senhor dos Passos da Graça e outras devotas imagens têm sido conduzidas em procissão ao paço. Fazem-se preces em todas as igrejas e todos fazem votos pela preservação dos preciosos dias de SM.

D. João foi ver o pai pouco antes da meia-noite. O doente passara o dia encharcado de suores e tomando pequenos goles de leite materno, tido por remédio milagroso. Foi sangrado na testa e recebeu um "cáustico na cabeça". Ainda segundo d. João, em carta à irmã, d. Mariana Vitória: "Parecia estar no mesmo estado das noites anteriores. Nem parecia estar a morrer. Tinha cor e as veias da cara estavam congestionadas. Então deu o sinal da meia-noite e, passado um quarto de hora, começou a agonizar, até as duas e meia da manhã, quando faleceu". Exausta, Maria dormia num quarto adjacente. O filho esperou que ela acordasse de manhã para dar a notícia.

D. Pedro fechou os olhos na noite de 25 para 26 de maio, depois de receber todos os sacramentos. Enquanto ele adoecia, Maria nunca dera uma palavra com a filha, para evitar qualquer dissabor no momento do parto. Até lhe informava que, por estar com um problema na vista, o pai "ainda não pode se aplicar" em escrever. Assim disfarçava a ausência das cartas paternas. No dia seguinte, os filhos foram beijar as mãos do morto. Maria se cobriu de luto e resignação.

Seguiu-se o aviso da morte à população através dos dobres de sinos de todas as igrejas da capital e dos tiros compassados nas fortalezas. Maria beijou a mão do marido pela última vez e fechou-se na Real Barraca por oito dias depois de decretar seis meses de luto pesado e seis meses de luto leve. E aos cortesãos ordenou que passassem a maior parte do tempo em missas, pedindo pela alma do finado. Os navios abaixaram suas bandeiras a meio mastro. Não se sabe se Maria cortou os cabelos como era costume entre as rainhas viúvas nem se começou a bordar o sudário que envolveria seu amado tio e marido. Sabe-se, porém, que parou de comer. Isolou-se em silêncio interior, lugar secreto onde se certificava de que a vida era frágil e prometida à destruição. O silêncio anunciava que Maria não estava pronta para perder Pedro. Se com ele a vida era para ser vivida, sem ele era para ser suportada.

A etiqueta das grandes cerimônias, que Maria seguia sem pestanejar, também esteve presente na hora da morte. No dia 26, depois de embalsamado, o corpo foi exposto com as insígnias de cavaleiro, e todos os criados da Casa Real foram lhe beijar as mãos. Na manhã do dia 27, o corpo foi colocado numa sala do palácio sobre uma elevação da eça (o estrado onde se colocavam os caixões), coberto de veludo negro, sob um baldaquim. Na cabeceira, um altar, e aos pés, a coroa real. Ali foi rezada uma missa acompanhada do coro da capela real. À noite, príncipes e infantes, vestidos do mais pesado luto, com capas compridas, sem esconder as lágrimas, vieram até a porta do palácio para acompanhar a saída do corpo de d. Pedro. O caixão foi conduzido até o carro funeral pelas principais pessoas da nobreza e seguiu para a igreja de S. Vicente de Fora, onde o rei seria enterrado. Maria não sabia, mas entre a corte dos Bragança e o céu – onde, segundo ela, repousavam muitos ancestrais – abriu-se uma passagem. Teria início um calendário de mortes, seguidas de cerimônias com genuflexões, salmos e orações entre o povo. Maria verteria um rio de lágrimas, capaz de quebrar a coragem de qualquer um.

Durante o mês seguinte, Maria continuou escondendo a dor da filha, que então estava no "termo da sua prenhez". Queria poupá-la, e escrevia: "Teu pai ficou fraco de um leve purgante que tomou" ou "a moléstia nos olhos de teu pai é impertinente". Maria sabia que era mais importante um herdeiro para o trono da Espanha do que lágrimas. Sendo assim, chorou tanto as suas quanto as lágrimas da filha ausente.

5 | Nossa senhora das dores   109

***

Apesar da diferença de idade, a rainha nunca escondeu a grande afeição que tinha pelo companheiro. Sua morte deixou um vazio. Era grande a saudade de d. Pedro, deixando entrever um entendimento entre ambos que se prolongava além do físico, mas que nunca o excluiu. Triste, e em busca de conforto, Maria passou a sangrar-se de quando em quando. Essas "sangrias", muito comuns e recomendadas por médicos até o século XIX, resultavam de pequenos cortes feitos com lancetas ou agulhas nas veias a fim de fazer o sangue circular melhor. Ela também passou a tomar banhos nas alcaçarias de Alfama, um dos mais antigos bairros de Lisboa. *Al-hamma*, em árabe, significa banhos, e o bairro ganhou esse nome pois ali se encontravam fontes de águas minerais a vinte graus, tidas, desde sempre, por medicinais. Os banhos "iam remediando" os problemas, e ela ia "com a maior felicidade" às águas. D. João achava que ela estava "com melhor cor e mais gorda". E ela escrevia à filha: "pois estou muito melhor, louvado seja Nosso Senhor".

Apesar das melhoras, sofria de um mal que ela mesma dizia ser "antigo". Sentia-se profundamente abalada, sem conselheiro e sem suporte. A rainha que até então caminhava com serenidade se desestabilizou. Ele que era "esposo e pai de todas as virtudes", em quem ela confiava cegamente, não estava mais presente. O consolo? Ele estaria "gozando da vista de Deus". Tristeza e medo, além da sensação de ter tido arrancada parte de si, deixavam-na sem chão. A carta de condolências de d. Carlos, seu tio, comprova a importância que d. Pedro tinha para Maria:

> *Al paso que ha aumentado mi sentimiento considerando la aflicción de vuestra majestad y justo dolor que la causaría la falta del rey, su tío y esposo, que así se ha verificado, han fortificado la opinión que ya tenía de la virtud y constancia de vuestra majestad y la esperanza que Dios la había de premiar con auxilios poderosos.*

A tristeza foi quebrada no dia 20 de junho, quando dois correios extraordinários, com pequena diferença de horas, invadiram o palácio – eram dois, pois, se um falhasse, havia o outro. Maria tinha acabado de cear na companhia de João, quando ouviram uma sege parar à porta do palácio e, logo depois, a entrada triunfal do ministro Martinho de Melo Castro nos aposentos: "Tem vossa majestade um neto!". Mãe e filho se abraçaram emocionados. Mariana Vitória tivera uma "feliz hora", escapara da morte, assim como o menino robusto, o infante Pedro Carlos. "Graças ao Coração de Jesus" e "louvado seja Nosso Senhor" pontuavam a alegria em todas as cartas. Maria perguntava à filha como "se achara no parto" e se "custou muito". A correspondência revela que o netinho ia "criando bem". Maria desejava só que crescesse com felicidade e fosse bonito.

Foi só depois do nascimento do bebê que finalmente veio a confissão sobre a morte de d. Pedro:

> Minha filha do meu coração [...] De teu Pai, já saberás que, aumentando-se a terrível moléstia, foi Deus servido levá-lo para Si. Fez ontem dois meses, o que te não podia dizer pelo estado em que estavas, pois te poderia fazer um grande dano e à criatura que trazias contigo. Porém, nunca faltei à verdade, porque teu Pai, na enfermidade que teve, se lhe ajuntou inflamação nos olhos [...] Podes considerar qual terá sido a minha dor e saudade, perdendo uma companhia tão estimável!

Com a chegada do novo herdeiro, a troca de cartas entre elas se intensificou. A avó comentava com "grande gosto que o netinho fizesse graças" e que fosse engordando. Recomendava que lhe dessem "caldo com sopinhas" em vez de papas ou que mudasse de ama de leite para não deixá-lo emagrecer. Receitava a aplicação de folhas medicinais para o impetigo, erva-da-trindade para crostas na cabeça e deitava-lhe sua benção a cada final de carta. Acompanhou as birras do primeiro dentinho, a aventura dos primeiros passos, o balbuciar das primeiras palavras. Não deixava de recomendar à filha que fosse se habituando a "pegar" no menino, reconhecendo que nunca tivera muito jeito para isso. Nas linhas da correspondência, renascia a mãe que ela foi. Mas, também, a mãe amorosa que era: "Agradeço-te as ternas expressões que me fazes na tua carta do teu amor e do desejo de me ver. Podes estar certa que te correspondo igualmente e espero em Deus ainda ter a consolação de te abraçar e o netinho [...] nunca me esqueço de ti e te conservo o mais terno amor".

Em março de 1787, Mariana Vitória anunciou nova gravidez, o que lhe rendeu todo o entusiasmo do sogro, o rei Carlos III, e a implicância da sogra, a quem fazia sombra. Não tinha sido nada fácil a sua inserção na corte da Espanha. Maria seguia aconselhando a filha a suportar as diferenças da gente e dos usos do país: "Vejo que vais visitar a princesa e fazes muito bem de lhe fazer todos os obséquios, pois assim é preciso". Ou em outra carta: "Pelo que vejo a desconfiança que tens é com algumas pessoas, exceto teu marido e el-rei. Porém, como ele poderá faltar, é bom procurar atrair os que ficarem, pois há de viver com eles e não ouvir nada de mexericos".

Maria Luísa de Parma não demonstrava simpatia pelo jovem casal, pois desejava para sucessor do trono seu filho primogênito, e não Gabriel, que era o favorito do pai. Para protegê-la das pequenas maldades da sogra, até d. João aconselhava a irmã: "Tomara que já se acabasse as tuas desconfianças com a princesa, pois, para tu teres felicidade, depende que a princesa seja muito tua amiga [...] te peço que cales os ouvidos a tudo e busques, por todo o modo, sua amizade".

***

Enquanto isso, na corte portuguesa, Maria seguia com suas tarefas de rainha. Dava audiências ao povo às terças-feiras de manhã; aos sábados de manhã, em particular, aos fidalgos, ministros e oficiais de maior graduação. E quando havia comemorações, como no caso da festa de Nossa Senhora da Conceição, acontecia gala e assistência na corte, na Real Capela da Ajuda ou na igreja Patriarcal. Seguia com as matinas e vésperas da liturgia católica, na freguesia de Bemposta, e, amazona experiente, fazia longos passeios a cavalo ou de coche, aplicando-se também em "fazer exercícios" e "passear" para fugir ao sedentarismo. Ia dos salões às casas mais simples, como a de "um velho que se chama Antonio Loba", como relatou em carta. Ou misturava-se aos simples fiéis, quando das missas lotadas pelo Coração de Jesus, chorando, lado a lado com as beatas, e ouvindo os sermões sobre o fim dos tempos.

Na época do Natal, multiplicavam-se as celebrações, com audiência às embaixatrizes da Espanha, da França e da Inglaterra, seguidas de audiência com os criados, e depois a pública, em que havia muita gente, sobretudo os vassalos que queriam dar os pêsames pelo falecimento de d. Pedro e acompanhar o tradicional lava-pés. Seguiam-se os rituais de "vestir de cor" – ou seja, usar colorido nas roupas –, assistir à missa do galo e cear. No calendário, seguia-se o entrudo, nome português para o Carnaval, e Maria e os filhos a acompanhavam de longe. E nunca faltavam aos sermões pregados por freis conhecidos pela eloquência ou às festas tradicionais do calendário, como a do Senhor dos Passos, cuja procissão era a principal da Quaresma lisboeta. A visibilidade e contato de Maria com os vassalos eram constantes.

Sem a mãe, o marido e a filha, Maria aproximou-se mais e mais da priora do convento da Estrela, que se tornou sua confidente e guia espiritual. Passou a se apoiar, também, em seu confessor, Inácio de São Caetano, a quem dera o título de bispo de Tessalônica e que era o único dos seus súditos que podia sentar-se na sua presença. Risonho, bem-humorado e comilão, era, segundo relatou o ministro inglês Robert Walpole, uma "pessoa de bom entendimento para além da sua profissão, mas com uma grande influência sobre sua majestade em questões de consciência". Quando Maria lhe confessou que temia a cumplicidade de seu pai nos atos de terror praticados por Pombal, sobretudo a execução dos Távora, São Caetano a tranquilizou: "Não torture a sua alma, que eu tomarei isso para mim". Ou seja, ele mesmo pagaria os pecados do rei.

Ao longo do tempo, nas cartas à filha, aumentaram os comentários sobre as saudades de d. Pedro e a tristeza provocada pelos dias de chuva. O mal de viver instalava-se mansamente. "Aqui, a praça é alegre, mas não para mim." Sentia falta da "companhia que Deus lhe fora servido tirar". "Em toda a parte se me renova a saudade do que perdi." "Há dois dias que fico em casa, porque tem chovido e isto aumenta alguma coisa a melancolia." "Mas tudo me faz muita tristeza, faltando-me teu Pai." "O tempo está mau e embaraça o sair, o que faz mais tristeza." Agradecia a filha por lhe desejar alegrias, mas "é dificultoso no meu gênio", "tudo são pesares", "meu ânimo está para pouco" ou "eu bem desejo vencer a melancolia". Os biógrafos falam em menopausa para explicar essas oscilações de humor.

No fim de 1786, um novo embaixador francês, o marquês de Bombelles, foi à Real Barraca para ter sua primeira audiência com a rainha. Em seu diário, o diplomata anotou as melhoras de humor da soberana. Em novembro, ela levantou a proibição de festas públicas que ordenara pelo luto do marido. Em dezembro, recebia seus cortesãos e conversava com eles. "Pouco a pouco, a rainha está a emergir da tristeza profunda em que a morte do marido a mergulhara." No final do ano, ela já ensinava frases em português a Bombelles.

Apesar dos progressos, Maria ainda se encontrava deprimida quando a corte voltou a Caldas, em maio de 1787. Embora tenha ficado na cidade por sete semanas, aproveitando as águas quentes, recolhida à simplicidade do alojamento em que se abrigava a família real – "um casebre de modo algum adequado para a dignidade do trono de Portugal", criticava Bombelles –, Maria tinha várias apreensões. Estava preocupada com o isolamento da filha na corte espanhola, aborrecida com a atitude de seu primogênito, d. José, que tinha uma relação tensa e crítica com a Igreja, e enervada, pois precisava reorganizar seu gabinete.

Aos 27 anos, d. José, jovem de personalidade reservada, frustrava-se por não ter sucedido seu avô como tinha planejado Pombal. Alguns cortesãos murmuravam que Maria iria se recolher ao convento da Estrela, deixando-lhe a Coroa. O palácio se enchia de intrigas. Embora acreditasse na utopia de uma vida dedicada a combater os pecados de Portugal e no isolamento como antídoto aos venenos da corte, Maria sabia que a vida monacal não seria a solução. Era preciso suportar com serenidade e resignação os problemas da família.

Além disso, os homens do gabinete adoeciam. O marquês de Angeja, primeiro-ministro, recolhia-se mais e mais, e Martinho de Melo e Castro, secretário dos Negócios da Marinha e do Ultramar, estava "sujeito a frequentes e violentos ataques de doença, o que tinha graves consequências, dada a sua idade avançada". O marquês de Ponte de Lima, secretário de Assuntos Internos, homem profundamente religioso, mas sem experiência em assuntos governamentais, adoecia regularmente de "uma febre na cabeça". Maria ficava sozinha com suas dúvidas e insegurança.

Em finais de junho, ao regressar de Caldas, a barcaça real de Maria viu-se cercada de centenas de barcos enfeitados com guirlandas e grinaldas de flores. Músicos tocavam serenatas em homenagem à rainha que tinha abolido o imposto sobre a venda de bacalhau. Ao chegar a Lisboa, uma multidão aplaudia e lhe dava vivas. Um coche esperava, mas, "tocada com esta demonstração de afeto", ela decidiu atravessar a praça a pé "entre uma multidão exultante até o mais alto grau de entusiasmo [...] estes genuínos regozijos veem-se raramente em Portugal, e sua majestade emocionou-se, quase até as lágrimas", registrou William Beckford. Elegante, sorridente, amável com seu povo, Maria era o espetáculo imutável da realeza.

Animada com a recepção, Maria buscou soluções para o gabinete. Nesse momento, nomeou d. José, que precisava de uma função, para o Conselho de Estado. Junto, nomeou seu confessor Inácio de São Caetano, com cujo bom senso contava. Ponte de Lima reagiu a essa última indicação e pediu demissão. Maria negou-se a aceitar, e ele foi queixar-se ao ministro inglês Walpole, alegando: "A rainha confiou nesta pessoa para assuntos muito além de sua esfera de educação e inteligência". Os demais ministros tratavam também o confessor com falta de respeito. Maria, que buscava soluções, abespinhou-se e retirou-se para Sintra. Conversou com o marquês de Marialva, Pedro de Alcântara e Meneses, que repassou a Beckford a indiscrição: "a rainha pensa em retirar-se do governo, está cansada das intrigas da corte e farta de sua existência". De fato, a soma de tristezas e traições a amargurava e convidava a abdicar.

De volta à Real Barraca no final do mês de outubro, recebeu notícias de Madri. No dia 4 de novembro de 1787, minutos depois das três horas da tarde, nascera a infanta d. Maria Carlota, que logo recebera o batismo. Três dias de festas com a corte vestida de gala e com luminárias e descargas de artilharia festejaram sua chegada. Beckford registrou a beleza das "inumeráveis estrelas azuis" no céu. Porém, três dias depois, chegou a carta com tarja preta. A netinha não sobreviveu e fechou os olhos com uma semana de vida. Enquanto Lisboa festejava, a criança era enterrada. O batismo, por outro lado, assegurava que a criança iria virar um anjo.

Maria reagiu consolando a filha, lembrando-a que tinha a vida pela frente e a esperança de ter mais filhos. Uma nova gravidez seria remédio certo contra a dor, aconselhava. Concentrou suas perguntas na saúde do "infantinho Pedro Carlos", pois encarar a perda de nascituros era habitual naqueles tempos. A própria Maria vivera por três vezes situação idêntica, numa das quais perdera a irmã de Mariana Vitória, a infanta d. Maria Clementina.

Em fins de novembro, Maria foi observada por Beckford numa representação no teatro do Salitre, "anormalmente cheio":

> Sua majestade também assistia, com a pequena infanta Carlota, sempre traquina e irrequieta. O príncipe do Brasil e seu irmão d. João não abriram a boca durante a representação, exceto para bocejar. A rainha falou muito com [o marquês de] Marialva. As suas maneiras eram anormalmente graciosas e dignas.

Em dezembro, Maria comemorou seu aniversário com banquete e votos: "Agora, vou agradecer-te os parabéns que me dás dos meus anos [...] o que poderia agora concorrer para os ter mais a meu gosto seria o poder abraçar-te e ao netinho e certificar, pessoalmente, ao infante o meu afeto", escrevia à filha. Também trocou considerações com ela sobre o tamanho e a beleza dos presépios. Era costume de princesas e rainhas fazerem, cada qual, o seu. Mas Carlota não deu atenção à tradição.

O primeiro mês do novo ano foi de chuvas torrenciais. Trovoadas temidas pela rainha e por d. João rasgavam os céus, impedindo-os de sair do palácio. Seis semanas depois, partiram para Salvaterra. Caçar todos os dias melhorou o estado de espírito de Maria, que se sentia melhor quando, em março de 1788, voltaram para o palácio da Ajuda.

Pelo visto, a rainha seguia à risca as recomendações de se exercitar. Os efeitos dos exercícios, segundo médicos, incluíam aumentar o calor natural, afinar os humores, alargar os dutos e vasos, fazer circular o sangue, evitando que o corpo se enchesse de superfluidades. Alguns dias depois, morreu seu primeiro-ministro, Angeja. Era vital que indicasse um novo nome, mas ela se limitou a pedir a Ponte de Lima que assumisse provisoriamente as funções do finado ministro. Nos nove meses seguintes, ele e Melo e Castro estiveram sós à frente de todas as questões de Estado.

Em abril, novo correio da Espanha trouxe notícias de um terceiro parto de Mariana Vitória. A 25 do mesmo mês, teve beija-mão para comemorar os 13 anos de Carlota Joaquina. O sarcástico Bombelles divertia-se com as mentiras descaradas que acompanhavam os cumprimentos à princesa: crescida? Bela? "Tão grande lisonja era embaraçosa de sustentar"!

Semanas depois, Maria foi a Caldas e voltou a visitar o empresário inglês William Stephens, dono de uma fábrica de vidros na Marinha Grande. Queria ouvir a orquestra que ele criara para seus trabalhadores, ver soprar os mestres-vidreiros, assim como visitar as dependências da usina e seus fornos. Ali, dirigia-se a todos "num registro familiar muito agradável", registrou Philadelphia, a irmã do industrial. E, escrevendo ao primo em Londres, depois de falar da "honra de receber a família real e toda a corte durante dois dias e de ter dado satisfação universal a todos, da rainha aos moços de cozinha e aos rapazes de estábulo", finalizou: "Ela ter vindo uma segunda vez e dormido duas noites na casa de uma pessoa privada, um inglês e protestante, é uma coisa que nunca entrou na ideia dos portugueses e que atingiu todas as pessoas com estupefação". De fato, embora soberana absolutista e governando por direito divino, não se furtou a passar a noite na casa de um estrangeiro, filho ilegítimo de uma simples criada e herético. Não à toa, Maria era adorada.

Em agosto de 1788, Maria foi a Nazaré, onde grassava a varíola, para pedir a proteção de Nossa Senhora em sua ermida milagrosa. Seu filho, d. José, com sua esposa e tia, d. Maria Benedita, preferiu seguir direto para Caldas. Queria evitar qualquer possibilidade de contágio. D. João, que em 1783 tinha sofrido um ataque de varíola em sua forma mais branda, o alastrim, tinha se imunizado naturalmente. Na verdade, a imunização tinha se popularizado entre as várias casas reais desde o início do século, graças à inserção de uma gota do líquido da varíola na pele do braço. Isso resultava na forma menos violenta da doença, mas, apesar de garantir defesa para o resto da vida, continha riscos. Em 1783, por exemplo, o terceiro filho de Jorge III da Inglaterra morreu. Maria estava a par dos debates, mas se recusou a vacinar seus filhos. Temia os resultados e acreditava que o procedimento era contrário à vontade de Deus.

Oito semanas depois, voltaram todos de Caldas. O problema começou numa procissão em que d. José sentiu-se tão "arrepiado a ponto de pedir um capote de baetão". No dia seguinte, teve uma grande febre. O príncipe viu-se mal, queixando-se de dores de cabeça e nas costas. Ora, o período de incubação da varíola é de cerca de doze dias, quando os sintomas de mal-estar, dores musculares, gástricas e vômitos violentos começam a se manifestar. A temperatura subiu, e apareceram manchas vermelhas na pele. Acreditava-se que o príncipe fora infectado pela forma mais leve de varíola, tanto que Maria continuou a praticar equitação todas as tardes. Mas a infecção no aparelho respiratório agudizou o mal. Do dia 10 para o dia 11 de setembro, surgiram "sintomas terríveis". Os remédios cessaram seu efeito, e d. José passou uma noite péssima. Em desespero, os médicos purgaram-no e sangraram-no, mas, ao contrário de reagir, ele caiu em profunda letargia. Boca, nariz e garganta foram tomados por bolhas. D. José respirava mal e salivava. O vírus se multiplicava nas células e nos órgãos linfáticos, emergindo em forma de vesículas. Maria passou a ficar no palácio, rezando. As orações de nada adiantaram. O jovem príncipe fechou os olhos no dia 11 de setembro, às quatro e meia da tarde, depois de se confessar e receber a extrema-unção.

Segundo o encarregado de negócios da França, D'Urtubise, a mãe não deixou o filho até ele exalar o último suspiro. Quanto a d. Maria Benedita, ela também esteve ao lado do marido e, quando ele cerrou os olhos, depois de soltar um grito, retirou-se, repetindo: "O príncipe morreu... O príncipe morreu". Só dormiu um pouco e, no dia seguinte, quando despertou, "verteu algumas lágrimas". Ficou então num estado de semiconsciência, fazendo com que todos temessem por sua saúde.

***

D. Maria Benedita, princesa do Brasil e irmã de Maria, tinha 42 anos quando perdeu o marido. Haviam se casado por ordem de d. José, pai e avô de ambos, onze anos antes. Às portas da morte, d. José I grafara com letra trêmula: "Havia muito tempo que tinha determinado o casamento de meu neto com minha filha Maria Benedita e, vendo-me agora com esta moléstia e não querendo dilatar mais uma coisa para mim de tanto gosto e para todos do reino, ordeno e mando que se faça indubitavelmente a 21 de fevereiro de 1777. Rei".

Quando jovem, a princesa do Brasil vira vários projetos de matrimônio se evaporar. Dois príncipes espanhóis e um austríaco não tiveram interesse diplomático em unir seus reinos a Portugal, que estava em baixa no mercado matrimonial europeu. Olhos azuis, cabelos louros, tez rosada, rosto redondo e feições delicadas, d. Maria Benedita era pequenina e tinha tendência a engordar. Segundo cronistas, era simpática, amável, amena, calma e doce. Gostava de bordar tapeçarias, colecionava quadros, falava francês e italiano, cuja literatura conhecia, e possuía uma "numerosa e escolhida" biblioteca cujos volumes impressionavam quem visitasse seus aposentos. O conjunto de características foi suficiente para que o noivo, então com 15 anos, se apaixonasse pela tia, já com 30. O jovem d. José, por seu lado, tivera, por intermédio do núncio papal, o oferecimento de uma princesa de Saboia. Murmurava-se, porém, de seus amores com a marquesa de Tancos, d. Domingas Manuela de Noronha. Um namorico, apenas, pois os boatos de seu casamento com a tia corriam desde março de 1775.

Mas o pano de fundo da união era bem conhecido de Maria: seu pai, pressionado por Pombal, deveria abdicar em favor do neto. Um ofício trocado por diplomatas franceses confirma que se tratava de um plano do marquês de Pombal. Este acreditava que "um casamento do príncipe da Beira com uma princesa estrangeira produzisse na corte um movimento violento que lhe arrancasse das mãos as rédeas do governo", explicava o encarregado de negócios Hennisdal ao conde de Vergennes. Por seu lado, d. José detinha, desde 1775, a dispensa papal para efetuar o enlace. Só não o usara ainda, "esperando que o príncipe ficasse mais velho", explicou o duque de Chatelet. Quando o matrimônio se realizou, a rainha-mãe, d. Mariana Vitória, escreveu ao irmão, Carlos III, rei da Espanha: *"El rey ha mucho tiempo que había resuelto este casamento, pero se había dilatado porque quería hacerlo con otra magnificencia"*.

D. José I mandara buscar em Roma os documentos da dispensa de parentesco para o casamento do neto com a filha, confiando-os a Pombal. Pombal, porém, tinha outros planos. Quando submeteu o assunto ao Conselho de Estado, o marquês defendeu outro enlace para o príncipe: por que não uma irmã de Luís XVI, de França? Entre 1775 e 1776, negociou-se com enorme lentidão, que tinha por objetivo contrabalançar a influência espanhola na corte portuguesa, além de obter o apoio de Luís XVI para a hipotética substituição de d. Maria por seu filho mais velho. A princesa em questão era Isabel Filipina Maria Helena, que nunca se casou e, como o irmão, viria a morrer na guilhotina.

Com o agravamento de seu estado de saúde, coberto de úlceras e atravessado por convulsões, d. José resolveu apressar o enlace que havia planejado. Mas, ao procurar os documentos da dispensa que estavam em poder de Pombal, "ou na verdade ou maliciosamente" estes tinham desaparecido. O rei expediu então um postilhão ao Vaticano, enquanto a regente, d. Mariana Vitória, pressionava o irmão, rei da Espanha, para que os ajudassem junto ao papa. Preocupada com o desenrolar dos acontecimentos, a rainha quis evitar que se concretizasse o plano do marquês de Pombal. O postilhão voltou entre 19 e 20 de fevereiro, e d. José ordenou o casamento imediatamente.

A 20 de fevereiro, d. Mariana Vitória convocou a corte e os oficiais para estarem presentes ao palácio no dia seguinte. Até então, tudo se mantivera no mais absoluto sigilo. O segredo chegara a ponto de enganar o próprio embaixador francês em Lisboa, o marquês de Blosset: "Houve nos aposentos da rainha um movimento secreto que o público não percebeu, em relação ao casamento do príncipe da Beira com uma princesa filha do rei da Sardenha". E deu-se enfim o enlace. Toda a corte, inclusive o marquês de Pombal, assistiu ao ato realizado na capela da Real Barraca. D. Mariana Vitória começou por entregar o documento papal de dispensa a d. Antonio Bonifácio Coelho, arcebispo de Lacedemonia e vigário geral do patriarcado de Lisboa, pedindo-lhe que o lesse e ordenando-lhe, a seguir, que executasse a cerimônia. Casaram-se tia e sobrinho, que tinham uma diferença de quinze anos. Seguiu-se um *Te Deum*, e os noivos foram beijar as mãos do rei moribundo.

Na Bahia, em nome da colônia, o arcebispo comemorou

> a sábia resolução de dar a seu povo a satisfação de ver ligado o príncipe a uma princesa, que é por todos os títulos sua. Oh, queira o mesmo céu aperfeiçoar esta obra do seu destino e aprovação, abençoando o tálamo, para termos outro igual prazer vendo os seus frutos em tantos e tão dignos sucessores, quantos são necessários para levar adiante a glória de Deus e do Estado.

O tálamo, ou leito conjugal, para infelicidade dos pombinhos, nunca foi abençoado. Apesar dos tratamentos em Caldas, cujas águas eram consideradas fertilizantes, jamais tiveram filhos.

O que pensaram do casamento? D. Mariana Vitória escreveu ao irmão no próprio dia do casamento: "*Joseph está loco de contento pues siempre fue su mayor deseo y la novia creo que no le pesa el obedecernos*". O embaixador da Espanha em Lisboa confirmou em carta: "*Es verdad que se han querido mucho ambos y que hacía señalar el príncipe su inclinación*". O jovem sempre teria demonstrado, segundo o político português Francisco Trigoso,

> desde a puerícia, uma tão amigável afeição que crescendo esta com a idade se converteu em paixão decidida. A princesa não podia ser insensível aos atrativos de um príncipe de todos amado e que, na idade de 15 anos e meio, dava as maiores esperanças de empunhar algum dia com glória o cetro português. E el-rei d. José já no leito de morte quis fazer a felicidade dos dois príncipes e firmar a da sua nação, unindo-os em matrimônio três dias antes do seu falecimento.

Vários estrangeiros criticaram esse casamento, considerando errada e de consequências nefastas a endogamia praticada na corte portuguesa, nomeadamente para a sucessão dinástica. O embaixador francês, marquês de Blosset, escreveu a Versailles: "O casamento do príncipe da Beira, majestade, foi um evento, e o público está pouco contente deste arranjo de família pela grande desproporção de idade entre os dois esposos e pela preocupação de que eles não tenham filhos".

O viajante inglês Nathaniel Wraxall não poupou a ironia:

> Não houve desculpas, nem motivos alegados para esta união, numa mesma família, a qual inspira uma espécie de horror, ou pelo menos, de repulsão. E foi, aliás, tanto mais digna de reparo quanto é certo que as mulheres de condição, em Portugal, raras vezes têm filhos, se não têm casado antes dos 28 ou 30 anos [...] Podia dar-se alguma explicação para o casamento da filha primogênita de d. José com d. Pedro, irmão desse rei, quanto não existia herdeiro varão da coroa; mas estava reservado à família Bragança mostrar ao universo, no século XVIII, o extraordinário espetáculo de um príncipe de 15 anos casar com sua tia, na idade de 30. Não se deve ter surpresa nem pensar de não ter havido descendente nenhum de semelhante união.

Não se sabe a reação de Maria a essa união, mas sabe-se que d. Pedro a desaprovou. Três dias depois, a 24 de fevereiro de 1777, d. José I fechou os olhos. Mau agouro para um casamento que nem estava consumado. De fato, por ordem do rei, os recém-casados se mantiveram separados até a Páscoa, tendo começado a coabitar só a 27 de abril. Que estranhos desígnios não estariam por trás dessa união?

Depois da morte de d. Pedro, o filho d. José começou a mostrar-se interessado pelos negócios do reino. Sequer chorou a morte do pai e foi visto com a esposa "na tarde do enterro a uma janela, risonhos e vendo o que se passava". Achavam que suas perspectivas se abririam com a morte do velho rei. E, por isso, d. José não escondia sua impaciência, como registrou Bombelles: "O príncipe do Brasil está enraivecido de não ser nada num país onde será senhor; por vezes, seus cortesãos o acalmam, fazendo aguardar a abdicação da rainha". Aos 21, o príncipe era jovem, e a juventude, como se sabe, é a idade de todos os possíveis.

Maria sentiu o golpe, e foi nessa época que se recolheu mais. Os rumores crepitavam. Ela reagiu. Ia para o convento que fundou, o do Sagrado Coração de Jesus, na Estrela. Os diplomatas estrangeiros acompanhavam a sutil conspiração. O secretário do barão de Chambrier, Hinterleuthner, registrou em maio de 1788 que Maria teria ido a Caldas fazer uma cura de águas "para dissipar os humores que a atormentavam". Ela montava a cavalo e fazia visitas aguardando o momento de passar as rédeas do reino para o filho. Na mesma época correram mais boatos: d. José e d. João teriam arquitetado um plano para pressionar a abdicação. Sozinha, Maria enfrentava deslealdades de todos os calibres, mas resistiu. Apesar das misérias da família, estava sempre pronta a defendê-la em público.

Quando d. José completou 26 anos, Maria admitiu o filho ao despacho, nomeando-o para um cargo no Conselho de Estado, como já vimos. Ele começou imediatamente a trabalhar: desenvolveu, por exemplo, o projeto de uma fábrica de têxteis em Covilhã. Mas, apesar do espírito vivo, da aplicação ao trabalho e de seu discernimento, não tinha personalidade firme. "Nada influía no governo de sua mãe, nem depois de ser admitido por ela no despacho", informou um frade de São Francisco de Xabregas. Sua grande preocupação, desde a infância, era descobrir um meio de conquistar seus vassalos, através de um comportamento modesto e acessível, como o de Maria. Aliás, em lugares públicos, quando se encontrava com a mãe, ele fazia questão de dobrar os joelhos, na mais adequada reverência, para beijar-lhe a mão. E só aparecia em atos oficiais com sua prévia anuência. Quando solicitado pelos pobres, e com dificuldade para atendê-los, explicava:

"sou príncipe ainda, não sou rei". Para José, nascer príncipe seria um acidente do destino, nada mais.

Por trás do marido, porém, havia a esposa. Dizem que d. Maria Benedita agia nas sombras. No segredo da alcova ou na liberdade do lazer, era ela quem o acompanhava e lhe aconselhava. Ele ouvia. O embaixador espanhol Fernan-Nuñez registrou o *"cariño habitual del príncipe à su mujer y el ascendiente que esta señora ha tenido siempre sobre su ánimo"*. Bombelles confirmava: o herdeiro da Coroa não tinha caráter mais forte do que seus predecessores e seria governado por sua mulher. Aliás, a Beckford não escapava a "agitação" ou movimentação política de d. Benedita na corte.

À Maria, tais pequenas perfídias não passavam despercebidas. E, apesar dos laços familiares, ou por causa deles, não faltavam choques: "Oh! Estas mulheres lá de cima... que flagelo ter que apaziguar suas discórdias", queixava-se o confessor d. Frei Inácio a Beckford. Confidenciou-lhe também críticas que o casal de príncipes fazia à rainha. Entre os conselheiros que cercavam o príncipe, e constituindo uma verdadeira facção contra a rainha, encontravam-se Martinho de Melo e Castro, secretário dos Negócios da Marinha e do Ultramar; o matemático Miguel Franzini, professor de d. José; o visconde de Vila Nova de Cerveira, d. Tomás Xavier de Lima e Nogueira Vasconcellos da Silva, das mais importantes figuras do reino de Maria; e o marquês de Minas, d. Lourenço Brotas de Lencastre e Noronha, entre outros.

O grupo era malvisto por cortesãos que não queriam mudanças no trono e que apoiavam a rainha. Mais uma vez confidente de um dominicano a serviço da Inquisição, Beckford ouviu que, "quanto ao príncipe do Brasil e sua mulher, Deus me perdoe se eu desejo ver os seus conselheiros e todas as suas intrigas no mais profundo abismo da perdição". Já d. Inácio referia-se sem cerimônias aos "vinte marotos, cada um a puxar para seu lado", e sobre d. José dizia: "Os ouvidos de alguém que eu podia nomear estão envenenados".

Do seu lado, por conselho de terceiros ou iniciativa própria, d. Benedita tomava banhos na Alcaçaria do Duque, em Lisboa, "para haver de ter filhos, que o Senhor lhe queira dar para consolação do reino [...] sem até agora ter surtido o desejado efeito", registrava um memorialista. Com ironia, o marquês de Bombelles lembrava que o ideal seria encher o convento de Mafra com trezentos capuchinhos, orando dia e noite, como fez d. João V, para ter descendência. A preocupação com sucessores dormia com o casal.

Em 1787, frente à ausência de sucessão, pensou-se até em anular o casamento e sair em busca de outra noiva. Um emissário francês chegou a vir a Lisboa, sondar o príncipe. Afinal, d. Isabel Filipina Maria Helena continuava solteira e tinha apenas 23 anos. A verdadeira razão era a facção antiespanhola, que tinha medo de crescer a chance de d. Mariana Vitória e d. Gabriel voltarem a Portugal para cingir a Coroa. Mas os rumores chegaram aos ouvidos de d. Benedita, que soube frear tais disposições. A verdade é que o casal se gostava e tinha inclusive vida sexual ativa. Ao relatar os últimos dias da vida do príncipe, o já citado frade franciscano de Xabregas registrou: "Acabada a ceia, foi para o quarto da princesa sua mulher [...] Dizem, dera a sanha de se ajuntar com a dita princesa, o que lhe estava proibido, pelo referido príncipe estar tomando banhos de mar". À época, o excesso de exercícios – natação mais sexo, por exemplo – era visto como perigoso. D. José, que iniciara sua vida sexual ao casar-se, vangloriava-se de não ter qualquer problema físico, insinuando que a esterilidade era problema de d. Benedita.

Após a morte do jovem marido, d. Benedita recolheu-se aos seus aposentos, "muito indisposta com a perda irreparável". Destinada, também, a ser rainha, dona de um temperamento diametralmente oposto ao de Maria, leitora de romances, história, ciência e filosofia, alinhada com d. José nas ideias de Adam Smith, John Locke, Abade Raynal, entre outros, d. Benedita era o membro da família mais aberto às influências estrangeiras. Reconhecida como extremamente culta, viu então a Coroa e o futuro lhe serem roubados.

Segundo um cronista:

> A perda do príncipe de tantas esperanças, e tão chorado por todos, causava nela muito maior mágoa do que os prestígios do trono que perdia lhe haviam causado deslumbramento [...] no primeiro ano de sua viuvez não passara dia algum que não alimentasse com abundantes lágrimas a lembrança e a saudade do seu príncipe.

Mais uma vez, Beckford foi inclemente. Segundo ele, o desaparecimento do primogênito de Maria "reduziu a sua voluntariosa viúva a um simples zero na política da corte, que ela principiara a agitar com grande êxito".

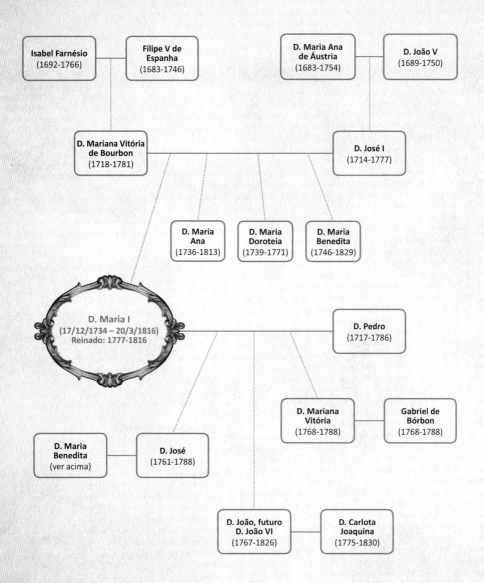

Árvore genealógica resumida da família de D. Maria.

D. Maria ainda menina.

[*Retrato da infanta d. Maria Francisca Isabel Josefa (futura d. Maria I)*, de Francisco Pavona, 1738-39. Óleo sobre tela, Palácio Nacional de Queluz, Queluz. Fotógrafo: Paulo Cintra/Laura Castro Caldas. © DGPC.]

Retrato de d. Mariana Vitória de Bourbon e Farnésio, mãe de Maria e esposa de d. José. Ela sempre foi reconhecida por sua beleza e inteligência.

[*Mariana Victoria de Borbón e Farnésio*, de Domenico Maria Sano, primeira metade de século XVIII. Óleo sobre tela, MuseiD-Italia/Reggia di Caserta.]

A jovem Maria com o retrato do noivo nas mãos. Ao fundo,
o relógio marca o lento andamento de sua vida.

[*Retrato de d. Maria*, autoria desconhecida, séc. XVIII.
Óleo sobre tela, Palácio Nacional de Mafra, Mafra.
Fotógrafo: José Paulo Ruas, 2013. © DGPC.]

D. José I no dia de sua aclamação.
Com Maria, sua filha, uma relação áspera.

[*Alegoria à aclamação do rei José I*, atribuído a Joana do Salitre,
c. 1750. Óleo sobre tela, Palácio das Necessidades, Lisboa.]

Na alegoria do atentado, d. José aparece protegido por Nossa Senhora.
Nas ruas, porém, criticava-se seu adultério, então tornado público.

[*Atentado ao rei d. José*, de d. Fernando de Saxe-Coburgo-Gotha, 1859.
Desenho à pena, sanguínea sobre papel, Museu Nacional dos Coches, Lisboa.
Fotógrafo: José Pessoa, 1993. © DGPC.]

D. Pedro, tio e marido de d. Maria, reinou a seu lado até falecer,
em 1786. Juntos, eram um casal feliz.

[*Retrato de Pedro, príncipe do Brasil*, de Miguel Antonio do Amaral,
c. 1773. Óleo sobre tela, Museu Hermitage, São Petersburgo.]

Belo, brilhante e desejoso de governar: d. José,
príncipe do Brasil, uma promessa que não se realizou.

[*Retrato de d. José de Bragança, príncipe do Brasil (1761-1788)*, de autoria desconhecida, séc. XVIII. Óleo sobre tela, Palácio Nacional de Queluz, Queluz.]

Maria e Pedro: um casal unido de corpo e alma.

[*Retrato da rainha d. Maria I e d. Pedro III*, de autoria desconhecida, c. 1760-1785. Óleo sobre tela, Museu Nacional dos Coches, Lisboa. Fotógrafo: José Pessoa, 1991. © DGPC.]

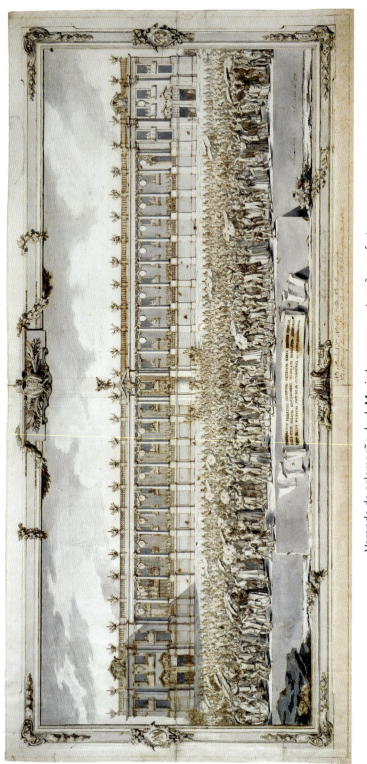

Varanda da aclamação de d. Maria I: o povo português em festa.

[*Aclamação de d. Maria I*, de Joaquim Carneiro da Silva, 1778. Desenho, tinta da China, Museu Nacional dos Coches, Lisboa. Fotógrafa: Luísa Oliveira, 2003. © DGPC.]

D. Maria Benedita, a ambiciosa esposa do jovem príncipe d. José e, depois, a viúva nas sombras.

[*Retrato da princesa d. Maria Francisca Benedita*, de Giuseppe Troni, c. 1785-1790. Óleo sobre tela, Museu Nacional dos Coches, Lisboa. Fotógrafo: José Pessoa, 1993. © DGPC.]

Maria, as irmãs, d. João, Carlota e o infante Pedro Carlos: a rainha adorada por seus súditos. Na imagem, Nossa Senhora aparece protegendo a família real e o povo de Lisboa.

[*Nossa Senhora da Conceição*, de Giuseppe Troni, 1793. Óleo sobre tela, Capela do Paço da Bemposta, Lisboa.]

Rio de Janeiro à época da morte de d. Maria I: ao fundo, sua residência, o convento do Carmo.

[*Vue de la Place du Palais, à Rio de Janeiro*, de Jean-Baptiste Debret, 1839, litografia. In: *Voyage pittoresque et historique au Brésil*, v. 3. Paris: Firmin Didot Frères, 1839. Biblioteca Nacional do Rio de Janeiro.]

6

Tempo de lágrimas e expiação

Ao morrer o herdeiro do trono, a consternação foi geral. O povo culpava os médicos. Maria se desesperava. Vigilante, o Demônio não queria que a vida lhe fosse fácil, e Jesus, a quem amava, lhe enviava uma nova prova.

Sinos dobraram o toque de finados, e os canhões ecoavam a tristeza de todos. O caixão com o corpo embalsamado foi levado pelas ruas em cortejo e entre regimentos formados até São Vicente de Fora, panteão dos mortos da família. Encerrada por oito dias na Real Barraca, Maria pedia a Deus uma resposta coerente para a morte do filho, enquanto se culpava e se punia. O sofrimento seria mesmo um traço da misericórdia divina, como queria o confessor? Quando a família real voltou a aparecer em público, os diplomatas estrangeiros foram apresentar seus pêsames a Maria: "Sua majestade ostenta expressões muito fortes de aflição no seu semblante [...] mais do que em qualquer ocasião anterior", anotou o ministro inglês Robert Walpole. Depois, a rainha partiu para Queluz.

Maria não teria que lidar somente com a perda do filho primogênito. Por trás da perda, uma série de problemas se enfileiravam. Outra vez corriam rumores: a influência nefasta de seu confessor lhe teria impedido de decidir acertadamente sobre as providências a tomar. Nas ruas, não faltou quem dissesse que o príncipe sucumbira à força de um veneno, aplicado por mãos sinistras. Enraivecida, a turba quis bater no médico que havia atendido d. José. Os boatos de que a morte do infante e os socorros que lhe foram ministrados não tinham sido suficientes se multiplicavam. E isso porque não se queria que o trono fosse ocupado por ideias liberais. Era sabido que d. José era favorável a "regulamentos públicos mais sóbrios e benéficos em vez do *establishment* vão e caro da igreja patriarcal", contou Walpole. E mais:

> Suspeita-se que sua alteza real tenha sido tratado de forma inábil. [...] A nobreza é cautelosa e prudente e, em silêncio, lamenta o melancólico acontecimento, mas as imprudentes classes baixas não se têm refreado de refletir sobre a ignorância e a inabilidade do médico principal. Tendo isso chegado aos ouvidos de sua majestade, pode ter contribuído para a sua resolução de se retirar para Queluz.

Uma segunda questão era a viúva: d. Maria Benedita perdera definitivamente a chance de se tornar rainha consorte. Afinal, fora por isso que se casara com d. José. Agora, teria que dar precedência a uma criança de 13 anos, a irrequieta Carlota. Segundo observadores, na primeira vez em que a família visitou a Capela Real do Paço, depois da morte de d. José, e Maria insistiu com d. Benedita que devia manter sua precedência no altar, ou seja, seu lugar de futura rainha, "aconteceu uma cena angustiante, uma resposta acompanhada de lágrimas e expressões de dor". Alguns dias mais tarde, quando estabeleceu uma pensão de 100 mil cruzados por ano para sua irmã viúva, esta estava "tão afetada que mal pôde prosseguir com a aflitiva cerimônia". Maria se sentia culpada pela morte do filho e pela infelicidade da irmã.

Mas o maior problema era o futuro da monarquia. O casamento de d. José não tinha gerado descendência. O de d. João ainda estava por se consumar e havia apreensão sobre a fertilidade de Carlota, por conta de seu físico mesquinho. Bombelles, embaixador francês, não deixou de registrar o limitado crescimento da infanta, a quem chamava de anã, e a anormalidade na família: "mais sangue ruim lançado em veias estreitas", cravava. Segundo ele, d. João também parecia "aborrecido, por ter se resignado a casar com esta princesa enfezada, com esta pequena macaco-aranha".

Walpole foi mais elegante ou prudente. Sobre d. João, dizia:

> Evito incomodá-lo com as especulações privadas de alguns, ou a maior liberdade de linguagem de outros, em relação ao que pode ser – ou deveria ser – uma contemplação acerca do futuro destino da infanta espanhola, d. Carlota, como um assunto de natureza demasiado delicada até mesmo para o amigo mais sincero da prosperidade deste país.

Walpole não só se referiu à "grande improbabilidade" de Carlota ter filhos, como também mencionou a "aversão que o príncipe, seu marido, teria em relação a ela". Portugal podia pedir uma anulação para que Carlota fosse enviada de volta à Espanha.

Com problemas acumulados, Maria refugiou-se por quase três meses em Queluz. Na corte, os murmúrios corriam, e uns envenenavam outros. Afinal, ela era uma rainha ou um simples peão sobre o tabuleiro dos ambiciosos que se agitavam à sua volta? Os esforços de d. Leonor de Almeida Portugal, marquesa de Alorna, para colar a imagem de d. Maria à personagem heroica de Maria Teresa da Áustria não tiveram efeitos de longa duração. Quando a configuração política se alterou devido às mortes de d. Pedro e do príncipe herdeiro, d. José, a presença de uma viúva com funções de chefe de Estado causou uma crescente apreensão. Existiam facções políticas que sempre tinham encarado com desconfiança a presença de uma mulher no trono. As disputas acerca da legitimidade de Maria se tornaram visíveis, não apenas na correspondência particular trocada entre a futura marquesa de

Alorna e a condessa do Vimieiro, mas também multiplicadas em panfletos, geralmente anônimos, defendendo ou questionando a capacidade feminina para desempenhar governança.

Sem dúvida, tal questionamento fragilizava Maria, rainha que esperava tudo do céu e nada do século. Que era a chama oculta sob as cinzas do reino. Mas chegaram boas notícias para amenizar o fardo que a fazia sentir-se impotente: no início de novembro, um correio de Madri anunciou que Mariana Vitória tivera outro filho, mais um menino, no dia 31 de outubro. Porém, outras notícias se sucederam: ela estava com febre no momento do parto. Manchas vermelhas começaram a cobrir sua pele. As manchas se tornaram borbulhas, e estas, pústulas, na velocidade que a varíola conhecia. No dia 6 de novembro, Maria recebeu uma carta do tio: "Aquilo que tanto receava aconteceu: a perda da nossa Mariana. Magoou-me estar a enviar-te esta terrível notícia", lamentava o monarca Carlos III.

Pouco tempo depois de ter tido o terceiro filho, a infanta morreu. A correspondência diplomática não escondia o pesar: "*Quedo enterrado y mui persuadido de la grande aflicción que causó en el ánimo del rey, segundo Vuestra Excelencia, de los príncipes, de lo señor infante su digno esposo e de más Real familia por el amor que la tenían adquirido con sus amables prendas como todos saben*".

Como se sentiu essa mãe que escrevia à filha com carinho extremado, que tinha o sonho de abraçá-la, assim como os netinhos? E a pergunta que não calaria nunca, e que ela devia estar se fazendo: "por que ela e não eu?". Com quase um mês, o "galante e gordo" recém-nascido seguiu a mãe no dia 9 de novembro. O rei espanhol mandou uma carta a Maria pouco antes da morte do neto:

> Nunca na minha vida me senti tão triste. Anteontem os médicos encontraram varíola no nosso recém-nascido neto, uma doença que trouxe do útero de sua infeliz mãe. Parece que a varíola é benigna, mas só Deus sabe se uma criança tão pequena irá superar esta terrível doença.

De novo as cartas entre diplomatas confirmaram o pior: "*Confirma la triste noticia que había llegado aquí anteriormente de la muerte del señor infante Carlos Josef, no pudiendo resistir a las viruelas malignas. Este golpe sensible ya no sorprendió tanto a esta corte y público por temer-lo inevitable desde que su Augusta Madre cedió à la fuerza del mismo mal*".

Apartamentos desertos, quartos de crianças desabitados, armários vazios, corredores sombrios. A morte rondava. Por isso mesmo, no dia 23 de novembro, ela levou d. Gabriel, que ainda chorava a esposa e o filho. Morreu de "amor conjugal", explicou um cronista, pois não se separou de sua adorada esposa até o fim, sem se precaver contra a maldita varíola. Como informou o embaixador espanhol, "*Las esperanzas de que el señor infante d. Gabriel venciese la cruel enfermedad de las viruelas, habiendo fallecido el mismo día à las doce y media*". Foi-se o infante que trocava cartas com Maria, enviava-lhe presentes e a quem ela "retificava carinho" a cada missiva e "deitava sua benção com o mais fino amor". Maria sabia que ele fazia sua filha feliz.

Na leva de entes queridos, foi-se também o confessor que acalmava suas inquietações. No dia seguinte àquele em que recebeu a terrível notícia da morte do genro, o confessor em que Maria depositava toda a confiança, frei Inácio de São Caetano, sofreu uma violenta trombose no palácio de Queluz. Tinha 70 anos e, já moribundo, pediu perdão à Maria "para qualquer mal que lhe tenha causado, para o descrédito que lhe possa ter trazido".

Segundo biógrafos, frei Inácio era seu pilar. Conhecia sua fragilidade e tinha capacidade para acalmá-la quando insegura. Foi "uma grande perda para a rainha, pois tinha sido uma pessoa de sua confiança durante um considerável número de anos e tinha lhe guiado a consciência desde a sua ascensão ao trono", registrou Walpole. Sobre ele, contou Beckford: "O marquês de Pombal, tomando-o por um desses acasos que desafiam todos os cálculos, julgou-o suficientemente astuto, jovial e ignorante para fazer dele um inofensivo e cômodo confessor de sua majestade". O ministro tinha escolhido frei Inácio considerando-o um inepto. O feitiço voltou contra o feiticeiro, pois o confessor se tornou um hábil aliado da rainha. Sua perda foi um golpe duríssimo para Maria.

Por último, faleceu o tio d. Carlos III. Ele já estava velho e cansado quando anunciou a Maria a morte do filho preferido e, também, seu próprio fim: "Gabriel morreu. Segui-lo-ei dentro de pouco tempo". Uma constipação transformou-se em febre, matando-o a 14 de dezembro. A sexta morte em seis meses. D. Maria escreveu ao sucessor, d. Carlos IV:

> O Altíssimo permitiu que não ocupasse por mais tempo o senhor rei católico d. Carlos, seu digníssimo pai e meu respeitado tio; assim como vai suavizando com tanta glória de vossa majestade o justo sentimento de seus fiéis vassalos. Na falta daquele grande príncipe, modera também a minha dor que ela exilou no meu já tão magoado coração; por além dos apertados vínculos de sangue e amizade que estreitamente nos unem.

***

Diante de tantas mortes, Maria baqueou. Passou a sentir cansaço de si, inquietude, sintomas de uma "afecção da alma". Via-se só. Sinais físicos de sofrimento? Tinha-os todos: dores no corpo, boca seca, dificuldade de engolir, visão embaçada, tremores ou ondas de calor. Sintomas que, à época, os médicos envolvidos com uma visão galênica do corpo não entendiam. Galeno, no século II, com o prestígio de sua autoridade, revitalizara a doutrina humoral, ressaltando a importância dos quatro temperamentos, conforme o predomínio de um dos quatro humores: sanguíneo, fleumático, colérico e melancólico. O colérico, portanto, era aquele que tinha mais bile amarela, e o melancólico, o que tinha mais bile negra. Transferia-se, desse modo, para o comportamento das pessoas a noção de equilíbrio e harmonia dos humores. Desses quatro humores necessários à vida, Maria seria vítima do quarto: a melancolia. Desequilibrada, trazia o luto na alma e no corpo. Correram os médicos. Evitar qualquer desequilíbrio na saúde real exigia vigilância e cuidados. Gestos para confortar e prevenir males se multiplicavam em torno de Maria.

Embora frágil, a rainha ainda reinava. E ela teve a força de nomear dois secretários de Estado adicionais: Luiz Pinto de Souza Coutinho, recente embaixador em Londres, nomeado secretário de Estado dos Negócios Estrangeiros, e José de Seabra da Silva, antes exilado por Pombal, nomeado secretário de Assuntos Internos. Ponte de Lima, já idoso, ficou com o Tesouro e o papel de primeiro-ministro. Por trás de uma decisão, uma história: um desacordo entre o frei Inácio de São Caetano e o príncipe d. José havia atrasado essas nomeações. O confessor fazia pressão para a inclusão de Seabra, mas corria na época que o príncipe não estava "favoravelmente disposto em relação a este senhor". Havia ressentimento, pois Seabra fora um dos esteios para a ascensão da rainha, em detrimento da coroa que ele tanto almejava.

Segundo Walpole: "A súbita resolução em favor destes dois senhores foi uma derrota completa da nobreza, a qual tinha planejado para si própria os diferentes departamentos do governo. Diz-se que a medida foi um pedido do falecido confessor que foi cumprido através dessa abadessa".

A reorganização foi recebida com consternação no gabinete. Martinho de Melo e Castro reagiu à inclusão de Seabra "de maneira muito contida, indicando que não cooperaria com este senhor, tendo também declinado estar presente quando o senhor Seabra tomasse lugar no conselho". Como consequência, d. Maria decidiu "que cada secretário de Estado tivesse o seu dia separado para ir a despacho, o que impedia qualquer altercação na sua presença". Como escreveu Walpole, Melo e Castro continuou queixoso. "Ainda está muito insatisfeito [...] e alega a idade e o estado de saúde do inimigo como motivo para desejar que sua majestade dispense os seus serviços".

No final do ano de 1788, em reunião com os novos ministros e o embaixador inglês Walpole, surgiu um assunto: o rei inglês Jorge III estaria louco! Tivera um ataque de demência. Errado: era porfiria, e seus sintomas incluíam paranoia, vômitos e alucinações. Mas, à época, os médicos desconheciam o diagnóstico. Maria "expressou preocupação com sua majestade e enviou desejos sinceros de um restabelecimento rápido". A história da loucura de soberanos emoldurava a trajetória de muitos deles. Seu avô Filipe V e seu tio Fernando VI de Espanha foram vítimas. Filipe, por exemplo, acreditava que o fogo do inferno o consumia por dentro como castigo por seus pecados mortais. Tinha explosões violentas de frenesi e era capaz de gemer por horas e morder-se. Alternava noites sem dormir com dias de apatia. Recusava comida e banho. Achava que não podia andar porque seus pés tinham tamanhos diferentes.

Na mesma época, entrou na vida de Maria um novo confessor. Walpole o descreveu: "muito devoto e retirado do mundo", jovem, "com cabeça pequena e lustrosa de rapaz de escola, cujo semblante pálido era obscurecido por um enorme par de óculos verdes". Nomeado no início de dezembro, o bispo de Algarve, José Maria de Melo, sobrinho de Teresa Melo, iria exercer nefasta influência sobre Maria, já tão frágil. Tão fanático quanto a tia visionária, suas pregações giravam basicamente em torno dos terrores do inferno, do castigo das almas condenadas, dos pavores que elas sofriam. Ele também não perdia uma oportunidade de lhe relembrar os atos de d. José no episódio dos Távora, provocando-lhe o sofrimento de ter que escolher entre a fidelidade como filha e o dever de justiça como soberana. Apertava a velha ferida, conhecida da priora: Maria sofria de excesso de zelo em relação ao exercício do poder. Esta preocupação tinha se tornado uma angústia indisfarçável que colocava em risco a sua alma. O bordão dos Melo, tia e sobrinho, era o mesmo: "Pode vossa majestade ser rainha e ser santa, pois cumpre a vontade do Senhor [...] Para ser santa é necessário padecer, e vossa majestade o deseja ser". Conclusão: Maria tinha que sofrer.

Uma forma de escapar de tais penas seria reabilitar as famílias implicadas no processo dos Távora, provenientes da mesma aristocracia que eles, os Melo. Durante trinta anos, Maria se martirizou pela culpa que teve seu pai no horrendo e injusto massacre. Massacre de cujas imagens Maria nunca se libertou. Acreditava que a alma do pai estaria sofrendo danação eterna. Se não reparasse o mal, ela também arderia nas chamas do inferno. Para Maria, como para a maioria dos católicos, ele existia. Seu fervor religioso aumentava proporcionalmente aos golpes e perdas afetivas que pautavam seu cotidiano. Ela se tornou, também, profundamente supersticiosa. Assistia a mais e mais missas, acompanhava mais e mais procissões, dava mais e mais esmolas para conventos, adornava a basílica dedicada ao Sagrado Coração de Jesus. Mas de pouco valiam tais atos para aliviar seu espírito, que seguia cheio de temor.

Maníaco e destituído de bom senso, o confessor não fazia senão agravar o estado de espírito da rainha, insistindo no crime que ela cometia em não reabilitar os Távora, em não chamar de volta os jesuítas etc. Alguns anos antes, em 1781, o ex-jesuíta Manuel da Rocha Cardoso, que tinha por alcunha "Cardeal", aparecera na frente da rainha com um par de pistolas na algibeira, como se quisesse vingar-se da pobre senhora por não proteger eficazmente a ordem a que ele pertencia.

Lento, o veneno do confessor não faria efeito logo, pois Maria passou três anos em que, por vezes, se sentia "indisposta" e, por isso, sem condições de se reunir com seus secretários de Estado. Mas ela participava de várias aparições públicas, para a alegria de seus vassalos. Em janeiro de 1792, voltou a Salvaterra, onde se distraiu durante várias semanas no parque de caça. Em abril, "testemunhou a sua alegria" pela recuperação de Jorge III e compareceu a um *Te Deum* num convento de freiras inglesas. Em junho, assistiu a manobras do exército, perto de Queluz, sem apresentar sintomas de qualquer ordem.

Mas o calvário de más notícias continuou: 1789 foi o ano da Revolução Francesa. A *Gazeta de Lisboa* e o *Jornal Enciclopédico* davam notícias alarmantes, que a lançaram no mais profundo pessimismo. A perseguição à nobreza e ao clero teve início na França. Quem suportaria a imagem de entes queridos maltratados nas prisões, arrastados pelas ruas sob uivos e xingamentos do povo, subindo ao patíbulo, com os olhos esbugalhados, para perder a cabeça na recém-inventada guilhotina? Segundo Walpole, houve "muita discussão na corte" sobre o período conhecido como Terror, que teria início alguns anos depois.

No final de julho, d. João, agora sucessor de Maria, teve febre e um "considerável inchaço das glândulas parótidas". A febre subiu, e o príncipe só descansava à custa de láudano. Confessou-se e foi sacramentado. Em pânico, Maria ordenou a formação de uma junta médica, a qual reuniu os melhores cirurgiões, inclusive alguns vindos de Coimbra. Ao mesmo tempo, a rainha pedia a todos orações e missas pela saúde do príncipe, realizadas nas igrejas do reino. Da aliança entre céu e terra nasceu a decisão de operar d. João. Depois de extraído um tumor, e ao cabo de uma semana, ele convalescia, sob a euforia do povo de Lisboa. À medida que a notícia de sua recuperação se espalhava, em toda parte, até nas longínquas terras da Índia, de Moçambique e do Brasil, os vassalos se congratulavam. A *Gazeta de Lisboa* noticiou: "Era o grande amor que este povo professava ao príncipe". Tudo não passou de um susto, ou melhor, um ataque de papeira, mas que causou "mal-estar, principalmente por causa da preocupante situação desta família real".

O problema não estava só na saúde do futuro soberano, mas na ausência de herdeiros de d. João e Carlota. Céticos comentavam. Os ânimos não sossegavam. O episódio serviu para trazer da Espanha o filho sobrevivente de Mariana e Gabriel: d. Pedro Carlos, infante de Espanha e Portugal. Era um Bourbon, mas, se d. João e Carlota não tivessem filhos, o povo português poderia aceitar o infante como sucessor. O menino tinha 3 anos. O novo rei da Espanha, Carlos IV, concordou, e, em outubro de 1789, o principezinho partiu para a fronteira portuguesa.

Tranquilizada por essa solução, e com a melhora na saúde do filho, Maria partiu para Queluz. Lá, porém, continuou a viver a angústia dos acontecimentos na França. Recebia notícias diárias pela *Gazeta de Lisboa*, e começou a temer que o mesmo acontecesse em Portugal. Proibiu, então, o editor de publicar novos boletins chegados de Paris, "ao que suscitou algumas observações judiciosas por parte das pessoas de classe baixa aqui", segundo a própria *Gazeta*. Os valores absolutistas da rainha reagiam. E quando o neto chegou a Portugal, recebido na fronteira pelo marquês de Marialva, Maria exigiu que todo o cerimonial real fosse seguido à risca. Na primeira vez que a criança apareceu em público, ordenou a todos os membros da corte que lhe beijassem a mão em sinal de submissão, causando reações: "Pode não ser impróprio observar que esta intimação não foi recebida pacificamente", registrou Walpole, observador dos humores ambientes. Um cortesão contra-atacou, levantando o menino e beijando-lhe o rosto. Não a mão.

Se as coisas melhoravam em casa, pioravam fora. Maria lia os despachos que chegavam de Paris e se enchia de pavor diante dos relatos das violências praticadas pela população contra a aristocracia. Tinha medo, mas também vontade de afirmar seu poder. Em março de 1790, numa inversão de sua política anterior, concordou com a execução pública de três ladrões e assassinos. Desacostumadas com tais cenas nos últimos tempos, multidões encheram a principal praça de Lisboa. Foi a vez do terror em casa. E, como disse um espectador inglês, James Murphy, "muitos acabaram por se arrepender da sua curiosidade".

Em meio a tantas notícias, Maria se deprimia. Percebia, inclusive, entre ministros próximos e outros auxiliares simpatias pelo que acontecia em solo francês. Urdiam-se mais intrigas. Ela se dava conta de que vivia uma época em que as revoluções, a moral, os reis, a hierarquia e tudo o que antes estava contido em limites rígidos transbordavam. Era uma época em que se assistiam a transformações nunca vistas, e o mundo à sua volta se decompunha num turbilhão. Quando tomada pela vertigem, quando seu olhar procurava um ponto de apoio sólido, uma estrela no céu, tudo o que Maria via era escuridão. Quantas trevas, quanta dor, quanto luto na vida afogada em lágrimas. A inauguração da igreja da Estrela, toda em mármore colorido, ao invés de suavizar a dor das perdas, aguçou-as. Afinal, a encomenda em agradecimento ao nascimento de d. José só fazia Maria lembrar que tanto o filho quanto o marido já estavam enterrados. As lembranças doíam, e crescia a insegurança.

Sua vida começou a oscilar entre momentos de alegria e tristeza. Maria tentava unir a humildade da penitente com a dignidade de rainha. Algum tempo depois, Carlota teve a sua primeira menstruação. "É um assunto de muita alegria e satisfação para esta corte", escreveu Walpole. Ele informava, também, que fora decidida a coabitação dos esposos. Maria escreveu à mãe de Carlota, a temida Maria Luísa, com a naturalidade que tais assuntos ensejavam entre monarcas:

> A nossa querida Carlota atingiu o estado de mulher sem o menor problema. Mesmo antes disso, tinha a intenção de os deixar estar juntos, mesmo que por muito pouco tempo, já que ela estava tão bem informada sobre tudo e João tinha tanto desejo de relações conjugais. Agora, já não há dúvidas, acontecerá na Páscoa e estou muito feliz.

Na noite de 5 de abril, Maria despiu Carlota e colocou-a na cama, pois esse era o ritual. Esperou até que d. João chegasse, rezou pelo sucesso da união e, depois, deixou o quarto. Apesar das "unhadas" entre os recém-casados, o marido queria "brincar" com a esposa. Na manhã seguinte, Maria escreveu a Maria Luísa: "Nossa querida Carlota juntou-se, ontem, ao seu marido. Passaram a noite juntos e estão muito felizes". E Walpole, sempre observador: "O rei e a rainha da Espanha ficaram extremamente agradados com a consumação do casamento, pela qual aquela corte tinha mostrado uma impaciência quase indecente".

Em agosto, Maria passou duas semanas em Mafra, onde colocou a primeira pedra de um novo convento para os padres franciscanos com uma mensagem a Santo Antônio: "com esperança na continuação da família real". Apesar de, há meses, dividir a cama com d. João, Carlota não tinha engravidado. No final de setembro, Maria assistiu ao lançamento de uma nova fragata da real marinha portuguesa. Depois, a gangorra desceu, e Maria "começou a mergulhar numa grande melancolia, com angústias noturnas, sono interrompido e abatimento de espírito", registrou o secretário José Pinto de Balsemão. No início de novembro, quando regressou à Real Barraca, não compareceu a audiências oficiais, e Walpole cravou: "Sua majestade pensa que talvez não esteja inteiramente bem. Queixa-se de dores no estômago e insônia".

Em novo momento de ânimo, Maria assistiu a manobras militares perto da Ajuda, e a família real "divertiu-se em passar à revista a infantaria". Mas, em outubro, mostrou-se indisposta e adiou seu regresso de Queluz a Lisboa. Dois meses depois, reduziu a aparição a audiências oficiais. Em novo espasmo de alento, assinou o decreto que levantava a marca de infâmia que pendia sobre o filho do duque de Aveiro, vítima do massacre dos Távora, e subiu em barco real, até Salvaterra, o que incentivou Walpole a anotar: a monarca gozava de "perfeita saúde". A gangorra, contudo, desceu quando chegaram a Queluz: receberam notícias de que Luís XVI e sua família haviam sido capturados quando tentavam fugir da França, em junho de 1791. A rainha reagiu e, "consideravelmente afetada", ordenou que fossem enviados 2 milhões de cruzados das reservas do Estado para "o serviço da causa do rei francês", ou seja, para a resistência dos monarquistas. A autoridade real, a monarquia absoluta, a obediência dos súditos eram verdades sacrossantas para Maria. Qualquer mudança nessa ordem lhe parecia um sacrilégio.

A execução do rei francês, em 21 de janeiro de 1793, e, depois, de Maria Antonieta deixou as cortes europeias de luto. Missas de réquiem foram rezadas pela alma dos monarcas guilhotinados, enquanto os fatos inspiravam o mais absoluto horror entre seus pares. Maria ficou muito abalada. Esse era um mundo contrário à sua educação e aos seus princípios. Sua fragilidade diante da execução dos primos inspirava, entre grupos da corte, tanto admiração quanto animosidade. Ela seguia vítima de intrigas.

Maria fraquejava. O desencorajamento perante a vida a tornava uma presa fácil de Lúcifer. Afinal, diziam os pregadores, era durante os períodos de tristeza melancólica que ele cobria os fiéis de tentações e alimentava o desespero. Mas era preciso não se deixar vencer, porque a melancolia se tornava um pecado quando o atingido não lutava contra ela. Maria multiplicou as idas a Caldas, onde mergulhava em banhos de águas sulfurosas e sofria sangrias frequentes. Sua tristeza e desânimo seriam castigo divino? O novo confessor não conseguia mais aquietá-la, e o núncio escrevia a Roma: "Sua majestade está em estado de extrema fragilidade, sujeita a cuidados".

7

Com o Diabo no corpo?

Durante todo o mês de dezembro de 1791, Maria esteve "com o espírito muito em baixo", e os médicos foram chamados para "consultas sobre as causas do mal-estar e das suas apreensões". A 4 de janeiro de 1792, foi sangrada, um procedimento no qual não acreditava: "Era muito adversa a isso e não admitia que isso a aliviasse minimamente", contou Walpole. E era adversa porque circulava entre muitos médicos a crença de que a sangria era remédio para todos os males, inclusive os originados por influência diabólica. Dr. Bernardo Pereira, bastante conhecido na corte no tempo de seu avô, a recomendava quando houvesse desconfiança de malefícios. A sangria era a confirmação de que a mão do Demônio pousara sobre ela.

D. João fez planos para levá-la a Salvaterra, separando-a da priora da Estrela, a quem fazia visitas frequentes e das quais voltava deprimida e mergulhada em "reflexões melancólicas, com mal-estar na cabeça e a mente muito afligida", queixava-se o príncipe. Aflita, pois, atrás dos muros do convento, o assunto se repetia: Maria tinha uma missão, o "reinado do amor". Violento, o Demônio ameaçava. O inferno acenava. Maria mergulhava em "imaginações tristes". Mas era preciso redimir o legado de seu pai e salvar Portugal. "Lembre-se muito da devoção do santíssimo Coração de Jesus [...], seja muito agradecida aos benefícios que lhe deve"; "Abrace a Cruz que o Senhor quer lhe dar"; "Seja santa", ordenava a priora entre dramáticas visões e convulsões.

As chuvas constantes e o céu escuro anunciavam a chegada do inverno. A família embarcou com atraso para Salvaterra, onde Maria costumava cavalgar e caçar. Nem o ar livre nem o exercício fizeram efeito. Walpole relatou que "a saúde da rainha não melhorou com a sua ida para Salvaterra, onde as chuvas constantes desde a sua chegada eram pouco saudáveis e até inconvenientes".

Pior do que o mau tempo era a presença do novo confessor. A confissão dos pecados, prática que deveria tranquilizar e prover saúde psíquica ao suposto pecador, tinha efeito adverso com ele. Longe de ter uma escuta benevolente em relação às culpas que lhe apresentava a rainha, ele a cobria de penitências. A obrigação de combater os menores pecados, de contar aqueles mais leves ou os mais graves, acionava uma engrenagem que fustigava uma já fragilizada Maria. Considerado um clínico da alma, d. José Maria de Melo não lhe dispensava o perdão divino. Ao contrário, fazia Maria se sentir mais culpada. Ele ameaçava: o Redentor não resgataria sua alma. Ela nem passaria pelo purgatório. A prancha de salvação lhe seria negada. Durante três anos, o confessor lembrou-lhe incessantemente o massacre dos Távora e cobrava o perdão para as famílias atingidas. Pior: preparou um documento com promessas de indenização que lhe impingiu em Salvaterra com o apoio da tia.

A pastoral do medo operava no corpo e na alma de Maria. Os efeitos ficaram visíveis: sem absolvição, Maria afundava num estado que preocupava seus próximos. Ela duvidava se conseguiria se salvar. Por sentir-se em pecado, e numa reação típica de possessas e endemoniadas, recusava a eucaristia. "Enfim, endoideceu formalmente". Seu confessor a abandonou: ela "o aborrecia", criticou o mesmo cronista. E fora ele, afinal, quem a empurrara para a crise.

Dissera-lhe que ela "era obrigada, se quisesse salvar-se, a dar aos inocentes injustamente [...] condenados" a sua honra e seus bens.

Mas se, no fim do ano anterior, os médicos não reconheceram nela nenhuma "desordem grave ou alarmante", começaram a se multiplicar sintomas novos: acessos de "afecções nervosas" e "frenesim". Segundo eles, a eterna fragilidade constitutiva de todas as mulheres se aliava, na rainha, à sua fraqueza mental. Conhecida por sua "mansidão", Maria mergulhava, segundo descrições exageradas, "em fúria". Em janeiro, deu sinais de desequilíbrio na propriedade de Salvaterra, para onde acorreram médicos da Casa Real. Eles pouco conheciam sobre a enfermidade, que teria começado, segundo um cronista de época, "por escrúpulos de consciência". Maria adoecia por se considerar culpada de inúmeros pecados.

Certa manhã de inverno de 1792, no palácio de Salvaterra, os braseiros ainda quentes e os candeeiros acesos, os médicos falavam a d. João. Na véspera, Maria saíra de si durante a representação de uma peça de teatro. Passara a noite andando de um lado para o outro, puxando os próprios cabelos e dizendo palavras incoerentes. Os criados apenas a rodeavam, tentando acalmá-la. Ninguém ousava tocar-lhe. Com muito custo, algumas providências foram tomadas. Empacotaram-se vestidos e joias, enquanto o bergantim real era limpo e polido. Os lacaios prepararam a cabine dourada da embarcação com tapetes e almofadas de veludo encarnado. Oitenta remadores vestidos de libré vermelha e amarela aguardavam as ordens de começar a remar. Uma cozinha foi levada para bordo, assim como "merendas" ou refeições ligeiras. Ladeada pelas duas irmãs, d. Maria Ana e d. Maria Benedita, e debaixo de um pálio para escapar à chuva miúda, Maria subiu ao passadiço. Uma vez acomodada, os remadores mergulharam seus remos na água, e a nau deslizou rumo a Lisboa.

Depois de horas, chegaram à cidade. Na praça, uma multidão de populares se reunia. Tinham ouvido rumores sobre a "indisposição da rainha" e queriam ver sua soberana. Maria entrou num coche que a transportou até o Senado da Câmara. De uma das janelas acenou, macilenta, para a multidão, que a ovacionou. Mas o amor do povo não era suficiente como remédio. No dia seguinte, a gravidade de seu estado foi anunciada à nação. Sinos tocaram tristes, imagens de santos encheram o quarto de Maria, que ouvia a passagem de procissões religiosas pelas ruas a pedir por sua recuperação. Dia e noite, "preces pela saúde de sua majestade" eram entoadas nos conventos e igrejas.

Perda de entes queridos, pressão sobre sua capacidade de governar e, agora, coação. Tanto seu novo confessor, d. José Maria de Melo, quanto o marquês de Ponte de Lima e a priora do convento da Estrela pressionavam d. Maria a fazer justiça aos alegados inocentes condenados por seu pai no julgamento dos Távora. Por outro lado, o procurador da Coroa opunha-se à reabilitação dos Távora e dos Atouguia. Voltavam à baila os pecados de d. José, que nunca isentou os Távora de suas culpas ou arrependeu-se das violências que lhes impôs. Como garantir o perdão de Deus ao pai?

Entre o fogo cruzado provocado pelas pessoas que ainda lhe davam suporte, a rainha teria caído, no entender do núncio, em "profunda melancolia". Os mortos injustamente condenados, agora, a perseguiam. A 27 de janeiro, depois dos primeiros sinais de instabilidade, assinou o decreto de restituição dos bens dos Távora, após o que riscou violentamente a própria assinatura.

Carlota Joaquina, anos mais tarde, em carta a seu confidente d. José Presas, revelou:

> uma cabala de pessoas descontentes com o justo governo de minha mãe política desejava, para seus interesses, que antes do tempo começasse o príncipe a governar; e, para conseguir seus objetivos, ofereceram ao frade que a confessava grandes vantagens para que a procurasse transtornar com escrúpulos de consciência, contos e visões. O confessor desempenhou tão bem sua missão que, em pouco tempo, pôs a rainha demente e no lastimoso estado em que a vê.

A conspiração de que Maria era vítima tinha à frente o confessor e a priora do convento do Sagrado Coração de Jesus, sua tia. Por trás, somavam-se os descontentes com o governo.

Mas o que também devia perturbá-la, uma católica piedosa, era a crença generalizada de que moléstias curáveis por médicos continham o sinal da misericórdia divina. Eram abençoadas. As incuráveis, como a dela, traziam a marca da possessão demoníaca. Doença era sinônimo de culpa e pecado. O corpo era considerado o campo do embate entre Deus e o Diabo, cada qual marcando com seu sinal a saúde ou a doença. Quantos médicos não recorriam a esconjuros para expulsar o demônio dos corpos doentes, para os quais "dentes de caveira" defumados eram o principal remédio?

Muitos, como o dr. Bernardo Pereira, explicavam a melancolia de um ponto de vista moral. Ela seria como um

> banho do Demônio e por muitas razões. Pela rebeldia, renitência e erradicação de tal humor que por frio e seco é inobediente aos remédios e constitui doenças crônicas e dioturnas [...] se encobre aqui a maldade do Demônio e seus sequazes e se ocultam as qualidades maléficas com os sinais e sintomas que se equivocam com os originados de causa natural.

E mais: segundo os teólogos da Igreja, a melancolia era uma arma que tornava a vitória de Satã mais fácil, pois fragilizava as pessoas. Diziam que, no Paraíso, ao morder a maçã, Adão teria sido bafejado pelo hálito da malvada serpente, cujo sopro envenenado introduzira a melancolia em seu corpo. Diziam que a "loucura melancólica" era uma punição de Deus, para ensinar a humildade e a obediência.

Para alguém devotada às práticas religiosas como Maria, tal diagnóstico era perturbador. Embora as armas da Igreja fossem consideradas eficacíssimas contra os assaltos satânicos, o demo era capaz de se introduzir nesse "humor" que secretava a bile negra. Estar louca era estar possuída? Maria não era a única a se perguntar isso; afinal, apesar do esforço de teses iluministas para entrar em Portugal, os problemas da magia e da demonologia não foram estudados pelos católicos ilustrados. Além disso, não se tem notícia de autor português ligado à Igreja que tenha se mostrado cético frente aos efeitos da magia diabólica. Logo, ela existia.

Luís Pinto Balsemão, secretário dos Negócios Estrangeiros, assim descrevia Maria ao embaixador português em Londres, Cipriano Ribeiro Freire:

> Para dar a vossa mercê uma sucinta ideia do caso de sua majestade, dir-lhe-ei em breves palavras que esta Senhora sempre teve um temperamento triste e sujeito às afecções nervosas, o seu gênio era de grande mansidão, e um tanto tímido, a sua imaginação perspicaz e seus hábitos sempre propensos à espiritualidade. Sofre há anos de moléstias do estômago e uma grande adstrição de ventre, que se tem exaltado com a aversão que a mesma Senhora tem a todos os remédios purgantes e principalmente ajudas que nunca consente.

A *Gazeta de Lisboa*, jornal normalmente favorável ao governo, noticiava, a 10 de janeiro de 1792, que a rainha se achava "alguma coisa indisposta", tendo sido sangrada "por precaução". Anunciava depois "haver resultado o desejado sucesso". Várias tardes, a rainha foi vista a recrear-se sobre as águas do rio Tejo. Seu tratamento começava a surtir efeito, ecoava a *Gazeta* em 27 de março. Dez dias depois, porém, lamentava por não ter a "satisfação de anunciar o inteiro restabelecimento da nossa augusta soberana". Ao final do mês, confessava: as melhoras eram "vagarosas".

Por ocasião das festas realizadas no Brasil em honra de seu aniversário, mostrou-se "de novo mais incomodada". O jornal oficioso, na verdade, tentava disfarçar um pouco. Transmitia aos súditos que d. Maria tinha indisposições passageiras e que melhorava dia a dia, prevendo-se para breve sua recuperação. Na verdade, Maria oscilava entre a extrema apatia – "parece por vezes estar morta e não consegue ser animada" – e uma excitação violenta – "delírio constante". Levada para os banhos nas alcaçarias, resistiu "com mais força do que se poderia naturalmente esperar" quando foi colocada na água. Beckford comentava que, além de ver demônios em cada canto, as manias religiosas eram apimentadas por conversas "de natureza pouco casta"! Conversas de alcova em uma mulher tão piedosa eram coisa de Satã...

Murmurações escapavam através das paredes do palácio. O povo não ficava de fora das interpretações sobre o que acontecia com Maria e procurava as suas próprias. Um cochicho que se esquivasse da cozinha ou das cocheiras transformava-se em fato. A curiosidade crescia: o que tinha a rainha? Afinal, ela lutara para repor a justiça, para edificar igrejas e reabilitar setores da sociedade antes desprezados. Ela se dedicara aos pobres e aos devotos e, pela primeira vez, iluminara as ruas de Lisboa, protegendo a população de malfeitores. Administrara o reino com discernimento. Esforçara-se por se rodear de quem aceitava e cumpria os propósitos de sua governança. Não havia qualquer sinal em seus atos ou comportamento de loucura, palavra cruel com que os médicos a diagnosticavam.

O povo então criou a sua própria versão, conta um cronista. A rainha fora envenenada. O papel que usava para suas cartas e documentos oficiais, que preenchia e assinava todos os dias, era feito com chumbo e arsênico. Era papel estrangeiro, vindo de fora. Da Holanda. A perigosa dose milimetricamente aplicada em cada folha levara-a lentamente à insanidade. Corrompera seu espírito com lentidão tão natural que a demência foi se infiltrando pouco a pouco. Tudo para parecer normal. Afinal, dizia o povo, era a primeira mulher a sentar-se no trono. Certa facção da corte não queria uma rainha, mas sim um rei. Pombal não fizera tudo que esteve a seu alcance para afastá-la do trono? Era o golpe perfeito. Afinal, como alguém que governou por tanto tempo com reconhecida lucidez perdia a razão? Era pouco crível que, sem sinais anteriores, a rainha fosse declarada insana de uma hora para a outra, com quase 60 anos. Por que só nessa idade? O veneno que não queimava, nem se sentia, não se percebia, nem matava foi o que lhe arruinou o tino, segundo o povo.

O citado Beckford, estando uma noite no palácio de Queluz, foi surpreendido por gritos lancinantes de "Ai, Jesus! Ai, Jesus!", vindos dos aposentos da rainha. Lembrou-se daqueles emitidos por Eduardo II na Inglaterra, nos últimos momentos de agonia. Eram novos sinais de um mal que degeneraria em "grande melancolia, aflições noturnas, sonos interrompidos e abatimento de espírito".

***

Discretamente executou-se um golpe palaciano. Alguns dizem que o que enlouqueceu a rainha foi o fato de ter sido enclausurada sã. Sem razão alguma. Foi pouco a pouco afastada do trono para que nele voltasse a sentar-se um homem, seu filho, o fraco d. João. O poder pertencia aos homens, não às mulheres. Mais rumores e intrigas, desta vez, serpenteando das ruas em direção aos palácios.

Enquanto a doença evoluía, o povo rezava. Desde fevereiro, a *Gazeta* anunciava:

> A moléstia de S.M., ainda que não ameaça com um perigo iminente, tem causado uma consternação geral. Em todas as igrejas se tem feito preces por ordem do Eminentíssimo Patriarca; várias devotas imagens se têm transferido ao Paço e por todas as partes se encontram procissões de preces, para obter do céu o restabelecimento de uma saúde que merece ser o objeto dos mais sinceros e dos mais ferventes votos de todos os portugueses.

O jornal também se referia a procissões que "compungem e enternecem a todos; os divertimentos públicos estão suspensos, e eles seriam pouco compatíveis com o estado de consternação em que se acham os ânimos".

Segundo o relatório médico da Casa Real, d. Maria apresentava sintomas do que hoje chamamos de depressão. Apatia e tristeza podiam ser observadas numa "atitude abatida e relaxada", bem como "na mudança de vida de sua majestade, que foi ativa e exercitada, e há tempos é mole e sedentária". Passou a sofrer de insônia e falta de apetite. A esse mal podia se somar a epilepsia. No documento do médico da Casa Real há referências a convulsões, rigidez muscular, cansaço, espasmos na cabeça e no pescoço, "os torpozos movimentos de língua e garganta" e distúrbios em outras partes do corpo. Registrava o médico: "Já me considero na precisão de remover a saliva que transportada faz a língua balbuciante, difícil aglutinação e paralítico o lado esquerdo [...] a febre resolvendo a causa que embaraça o influxo do suco nérveo e arterioso". O tratamento: "aplicar-se um largo cáustico na nuca e em toda a circunferência do pescoço", manter uma dieta de "carnes montanas e silvestres mais assadas que cozidas, vinho generoso, evitando o pernicioso uso de águas quentes". Como remédios, recomendava-se a ingestão de quina e valeriana. Maria se queixava de dor de cabeça e estômago e se negava a comer. Rejeitava medicações e, certa vez, "expulsou músicos reais que estavam tocando numa sala separada do quarto por uma fina divisória", alegando que era "impróprio haver música enquanto se realizavam preces e procissões para a recuperação de sua saúde".

Diariamente, os cortejos cruzavam as ruas dos pequenos vilarejos, pois o povo rezava por sua soberana. Em Campo Maior, o juiz proibiu "divertimento carnavalesco". Em Idanha-a-Nova, camponeses e criadores de gado fizeram nove dias de orações diante do sacramento exposto. Em Almeida, houve rogativas. Em Braga, procissão com o andor de Nossa Senhora da Agonia e Nossa Senhora das Angústias. Em Nisa, cantaram-se missas. Editais eram afixados às portas das igrejas conclamando os fiéis. Fecharam-se teatros e silenciaram os divertimentos públicos. Circulou um aviso informando que, impedida pela doença, a rainha deixaria de despachar os assuntos administrativos. O corpo diplomático inquiria sobre sua saúde.

Quatro ministros – o marquês de Ponte de Lima, Martinho de Melo Castro e Mendonça, José de Seabra da Silva e Luís Pinto de Souza Balsemão – decidiram designar uma junta médica para ter um quadro da doença da soberana. Quatro questões foram respondidas por treze médicos: se a moléstia dava sinais de melhora; se haveria demora no "perfeito restabelecimento"; se seria compatível com a aplicação de sua majestade aos negócios do governo; se "atualmente" seria prudente envolver a rainha nos negócios de Estado "sem risco de alterar o processo de seu restabelecimento". As respostas foram negativas para a primeira, a terceira e a quarta questão, e positiva para a segunda. O diagnóstico: "a enfermidade mental da rainha d. Maria era inteiramente incurável".

Depois do voto dos médicos, confirmando a incapacidade governativa da soberana, os ministros resolveram, arbitrariamente, reconhecer o direito de regência de d. João. No dia 10 de fevereiro de 1792, a contragosto e sem usar o título de rei, ele assumiu a administração pública, passando a assinar embaixo do nome de sua mãe: "Decidiram rogar o mesmo príncipe para que fosse servido tomar o exercício da administração pública, debaixo do nome da rainha sua augusta mãe, prosseguindo os despachos da administração sem a mínima alteração enquanto durasse os impedimentos de sua majestade". D. João assumia, "pelo notório impedimento da moléstia da rainha minha mãe", e aproveitou para promover a permanência de um conjunto de amigos próximos junto ao poder e à Casa Real, criando um bloco coeso com a aristocracia para se defender de facções e opositores. Neles, a monarquia poderia se apoiar sem arranhões.

***

Embora d. João tenha assumido o trono, isso era temporário. Ainda se tentava ajudar a rainha a restabelecer a saúde. O ministro Balsemão anunciou ao ministro de Portugal em Londres, Cipriano Ribeiro Freire, no mesmo mês de fevereiro de 1792:

Tenho o grande dissabor de anunciar a vossa mercê que sua majestade se acha padecendo atualmente de uma afecção melancólica que se tem degenerado em insânia e chega aos termos de um frenesim. Esta triste situação fez lembrar aqui que poderia talvez ser útil passar a esta corte sem a menor perda de tempo o Dr. Willis, o principal médico, que suponho ser o que assistia sua majestade Britânica em circunstâncias análogas, por cujo motivo tenho ordem de recomendar a Vossa Mercê que imediatamente procure o referido médico e lhe proponha a viagem a Lisboa, sem a menor perda de tempo.

Aos 70 anos, o dr. Francis Willis, pastor e praticante de medicina sem licença, decidiu-se por vir a Lisboa. Impôs, porém, pesadas condições à corte: vinte mil libras enquanto durasse o tratamento, viagens de ida e volta pagas, carruagens à disposição e mesa sempre farta. O país inteiro depositava as esperanças nesse que era dono de um manicômio privado em Lincolnshire, na Inglaterra, e que fizera o rei Jorge III recuperar o juízo. Ele aplicava o que chamava de "tratamento moral", à base de cuidados humanos e paternais.

Na Grã-Bretanha, as discussões sobre as causas da melancolia estavam adiantadas. Definida, em geral, como "uma loucura sem febre, nem furor, acompanhada de preocupação e tristeza", ocupava médicos e filósofos como Richard Blackmore e Robert Whytt. Na França, Boissier de Sauvages, de grande influência sobre outros médicos europeus, não só dividia a melancolia em amorosa, suicida, atônita e religiosa, como descrevia a demonomania, podendo essa ser fanática, histérica e suicida, com sintomas atribuídos a poderes diabólicos. Em hospitais como o de Saint-Yon de Rouen, 37% das internas tinham sido internadas por problemas religiosos. O famoso doutor escocês William Cullen seguiu o francês, acreditando em "entidades", bem como na ação do Demônio, como causa da melancolia. Maria não achava que trazia a marca dele à toa. Construções delirantes como as que ela fazia resultavam do fato de que se culpava de todos os pecados.

Tinha a convicção de ser responsável por todos os horrores do mundo. Acreditava ter falhado em seus deveres. O diagnóstico dos médicos nesses casos? Monomania religiosa.

A ciência progredia? Sim, mas às apalpadelas, que abriam inúmeras falsas pistas. O corpo era uma máquina dirigida pelo cérebro, mas, se o líquido nervoso não era abundante, os espíritos se tornavam tenebrosos... A própria *Encyclopedie*, carro-chefe dos iluministas, em seu verbete sobre melancolia, relatava o caso de melancólicas que se imaginavam no inferno, devoradas por chamas, resultado de sermões pregados por padres supersticiosos. Sim, era possível que o medo de Satã adoecesse as pessoas.

Na época, o tratamento das doenças mentais se fazia por meio de colete de força, coerção, queimaduras e banhos de água fria. Empregava-se arsênico, pó de antimônio ou purgativos. Willis chegou a Lisboa no dia 15 de março e, rapidamente, percebeu que Maria sofria de uma doença bipolar, não suscetível aos tratamentos científicos. A própria rainha lhe explicara que estava num inferno e que "um médico competente poderia por vezes curar a loucura, mas jamais poderia inverter os decretos do destino". Ou seja, os pecados que cometera no passado eram responsáveis por sua sina.

Por sugestão do médico, a família real se mudou para Queluz, onde Maria podia ter mais calma e ser examinada longe do escrutínio do público. Afinal, pelo protocolo, os cortesãos eram obrigados a cumprimentar a rainha todos os dias e, sem querer quebrar o protocolo, d. João, agora regente, não impedia seu acesso. O dr. Willis também tinha a esperança de afastar secretários de Estado, especialmente Marialva e Ponte de Lima, que encorajavam Maria a "assistir a missas, dizer preces e cantar o *Te Deum*, formas de culto que só serviam para excitá-la". Walpole, profundo conhecedor dos cortesãos portugueses, pontuava: "É muito duvidoso que o doutor tenha êxito nesta parte de suas recomendações, considerando as dificuldades em mudar os costumes de etiqueta desta corte".

Outra visita que não era bem-vinda era a do confessor, que, segundo Walpole, estava "muito desolado com seu cargo". Quando divulgado seu comportamento em Salvaterra, ele foi considerado culpado pela "mente alienada da rainha". Insultado nas ruas e tratado na corte "com muito pouco respeito", vagueava de um aposento ao outro, conversando com as damas de honra.

O estado de d. Maria deteriorava-se. Angustiada, "regressou ao seu estado de desespero sobre o assunto de sua salvação". Outras vezes, ela cantava – manifestação que nem todos, nem o médico, consideravam sinal de melhora. Willis não quis economizar esforços e aplicou métodos duríssimos: Maria foi metida num colete de forças; recebeu a aplicação de uma pomada que lhe causou bolhas nas pernas; foi imersa em banhos de água gelada, um procedimento que, bem entendido, resultava em "acessos de febre e muita agitação". Para libertar o corpo dos maus humores, aplicavam-lhe clisteres e obrigavam-na a vomitar. Como se recusava a comer, foi concebido um instrumento "para lhe enfiar comida goela abaixo", segundo relatou Walpole.

Maria não se alimentava ou não se interessava por comida porque provavelmente se lembrava dos sermões sobre o pecado da gula. Ele estava representado nos cinco dedos do Diabo, sempre desejoso de fazer os fiéis pecar: no primeiro dedo, o desejo de comer fora de hora; no segundo, o de comer comidas delicadas; no terceiro, o de comer além da conta; no quarto, o de assistir no preparo de alimentos; e, no quinto, a glutonaria. Ah, coitada! Logo ela que devorava chocolates e sorvetes, que adorava a mesa farta. Ou ainda porque acreditasse, como São Crisóstomo, que a abstinência era uma forma de luta contra o "banho negro" da melancolia.

A despeito da brutalidade dos tratamentos que aplicava, Willis percebia que o estado da rainha piorava diante de imagens religiosas. Sua ansiedade crescia junto com os preparativos da procissão do Corpo de Cristo, naquele momento em curso em Queluz. Por outro lado, Willis observou que a viagem de bergatim pelo rio a tinha acalmado. Notou também que, quando levada a velejar por d. João, Maria sossegava. Por isso, em meados de junho, o médico recomendou uma viagem por mar. Quanto desacerto. Pois, enquanto a intenção do médico era afastar a paciente das inúmeras pessoas que a rodeavam, d. João seguiu a etiqueta e entendeu que a corte e o governo partiriam junto. Mandou, portanto, preparar vários barcos. Quando Willis levantou objeção, foi pedida a opinião de ministros, nobres e padres. "Algumas pessoas contribuíram para alarmar sua majestade sobre os perigos de ir para o mar", despertando em Maria um medo e uma aversão que ela, até então, desconhecia.

Ora, o mar era o domínio privilegiado de Satã. Relatos, lendas e narrativas de viagens, mesclando o fantástico com o real, falavam da existência de seres monstruosos que habitavam suas profundezas e que obedeciam ao Príncipe das Trevas. Suas águas eram componentes de trabalhos de magia. O mar, diziam pregadores, era o lugar em que se perdia a fé em Deus, onde as certezas eram entregues ao Diabo. O resultado é que, a 8 de julho, teve febre tão violenta que, no dia seguinte, o plano foi abandonado.

Sem maiores sinais de melhoras, Willis propôs levar a soberana para Londres. A família recusou: poucos sinais de recuperação e os riscos de uma longa viagem afastavam a possibilidade de tratamento na ilha britânica. Pouco a pouco, o médico abandonou a paciente, cujo estado piorava: "Vacilante algumas vezes, dizia que estava morta e que dentro de si não tinha entranha alguma. Persistia em não querer tomar purgantes. Dormia com interpolações, mas, às vezes, três ou quatro horas seguidas". Antes de partir, Willis fez a Maria algumas perguntas para sondá-la, como narra a biógrafa Jennifer Roberts:

> O dr. Willis esforçou-se em conversas com a rainha por descobrir se a sua doença seria causada por motivos políticos ou religiosos. Obteve a resposta de que era um assunto do maior segredo. Perguntou-lhe se lhe tinha sido apresentado para assinar algum documento relacionado com

os nobres do período passado. D. Maria respondeu-lhe pela negativa. Questionou-a, em seguida, por que razão tinha proibido o confessor de aparecer na sua presença, só obtendo silêncio como resposta. Após ter refletido sobre esta conversa, a rainha pareceu ter ficado pouco à vontade por ter ido demasiadamente longe e ter falado demais.

Não controlou suas paixões, como exigia a educação que teve.

Conta a biógrafa que Maria inquietou-se com a partida anunciada do médico, pois, além de ter ganhado sua confiança, estava "convencida de que iria ficar pior quando ele deixasse o país". O que de fato aconteceu. A rainha se tornou teimosa: "está mais intratável e transforma em dificuldade qualquer ninharia". Em agosto, "perante o desejo de ouvir missa a uma hora pouco usual, foi levada para a capela, mas comportou-se de uma maneira muito extravagante e ficou desde então tão perturbada que deixou constrangidos todos aqueles que tomavam conta dela". Em setembro, enquanto Carlota mostrava sinais de gravidez, Maria parecia ter regredido para "um estado de infantilidade".

D. João nomeou um médico sem experiência em doenças mentais, o que fez Maria deslizar mais rapidamente para um mundo fechado e triste. Em março do ano seguinte, quando foi transferida para a Real Barraca, noticiava-se:

> Sua majestade está num estado muito melancólico. A memória parece tê-la deixado e não tem senão uma ideia confusa das pessoas e das coisas. Teve ultimamente uma desordem muito má num dos seus olhos que ameaçou ser de natureza gangrenosa. Foi feita uma operação favorável à cura, mas talvez fatal para a vista.

A priora da Estrela escreveu ao papa, pedindo autorização para deixar o convento e ir visitar a rainha, uma proposta que d. João teve o bom senso de recusar. Qualquer conversa sobre religião e o medo do inferno causava as maiores aflições em Maria. Por vezes mais calma, era capaz de lembranças e conversa razoável. Agitava-se, porém, quando levada à capela ou quando via uma procissão passar aos pés do palácio. Quando falava coerentemente, "voltava à ideia que a afligia: que estaria condenada, que não havia ajuda para a sua salvação", como explicava Luís Pinto de Balsemão.

À época, não se pensava em antecedentes ou hereditariedade para explicar doenças. Desde seu avô materno e seu tio, Filipe V e Fernando VI, reis da Espanha, ao avô paterno d. João V e o pai d. José, o "mal de viver" sempre esteve presente – sem contar os conhecidos problemas decorrentes da endogamia das famílias Bragança e Bourbon. Reis, rainhas e súditos não estavam imunes ao sentimento associado à bile negra, originada de "paixões tristes". Eram tomados por um sofrimento lancinante. Há décadas, a mãe, Mariana, já escrevia à família, na Espanha, dizendo: "faço todo o possível para me afastar de minha melancolia [...] embora isso seja muito difícil num país onde não há nenhum divertimento". Foram muitos melancólicos a marchar por uma estrada escura e sem fim. Sua irmã Maria Ana também começou a dar sinais desses sintomas na mesma época, "afligida pela mesma doença melancólica". Só d. Benedita mantinha a calma. Mas, no entender de seu círculo, a propalada "demência" de Maria tinha tomado tal proporção que era necessária uma solução governativa...

A família passou o verão e o outono de 1794 em Queluz, regressando à Real Barraca em novembro, quando um comboio de carruagens e carroças trouxe a mobília real. Houve ali um acidente que fez Maria voltar no tempo: às oito horas da noite teve início um incêndio no quarto de uma criada. As chamas se alastraram rapidamente, e toda a família foi obrigada a fugir. Maria permaneceu notoriamente calma quando foi levada para um lugar seguro, à pequena distância. D. Benedita seguiu para uma casa vizinha, nos braços de um cozinheiro. Só d. Maria Ana mostrou-se perturbada: mordeu e arranhou os homens que vieram socorrê-la. É possível que se tenha confundido a serenidade de Maria com um sentimento que habitava muitas almas piedosas na época: o heroísmo cristão. O medo do Juízo Final e uma busca permanente de perfeição fabricavam novos mártires. Maria mártir e santa, como desejava a priora da Estrela? Maria ardendo para pagar pecados, como ela mesma se via em seus momentos de melancolia?

Às dez horas, todo o edifício estava em chamas, e d. João e d. Carlota ficaram nos jardins a ver as labaredas a consumirem o edifício de madeira que tinha servido de palácio real durante quase quarenta anos. Anotou o cônsul britânico: "as joias, como a maior parte da prata, os papéis e parte da biblioteca, alguma roupa e uma parte muito pequena da mobília foram as únicas coisas que se salvaram". Mais tarde, nessa mesma noite, as carroças reais voltaram para Queluz. Os criados se revezavam em deixar a família o mais confortável possível, mas, sem camas, nem mobiliário, "as personagens reais sofreram consideráveis inconveniências".

Depois do fogo, d. João ordenou que um novo palácio fosse construído na Ajuda. O edifício levou várias décadas para acabar. Enquanto isso, fixaram residência em Queluz, onde William Beckford, na sua segunda visita a Portugal, viu uma cena devastadora:

> O sofrimento da rainha é assustadoramente grave. Nesta mesma noite, o príncipe esteve ajoelhado no sofá onde ela estava sentada, durante duas horas, vendo a rainha atingir o apogeu da agonia mental, pois continuava a gritar por perdão, imaginando que, no meio de uma chama que envolvia o quarto, via a imagem calcinada do seu pai, uma massa calcinada de cinzas, de cor preta e horrível. Esta imagem assombrava-a dia e noite.

Na imaginação de Maria, seu pai ardia no fogo do inferno. E seria esse, também, seu destino. A morte de filhos, netos e tantos entes queridos era o castigo divino por seus pecados. Reclusa, ao lado de criados e ajudantes, não mais aparecia em público. Diariamente era levada a passear nos jardins e tomar ar fresco. Os viajantes que passavam na direção de Sintra, e podiam ver os pátios do palácio a partir de uma colina próxima, viam-na cruzar os canteiros. Dizem que com o cabelo branco e comprido caído sobre os ombros.

***

Passados sete anos desde que fora afastada do trono, o estado de saúde de Maria não melhorava, e o príncipe assumiu formalmente a regência do reino em 1799. O ministro Seabra da Silva opôs-se. Sugeriu a d. João que convocasse as cortes para legitimar sua assunção. Essa convocação era necessária, segundo ele, pois "competia à Nação e às Cortes Gerais reunidas eleger o novo monarca, que não podia ser o príncipe herdeiro, mas outra individualidade qualquer". Ao governar em nome próprio, d. João estava a "cometer uma ilegalidade".

A ideia da convocação das cortes assustou a todos do Conselho. O exemplo funesto do que acontecia na França podia incentivar o povo a levantar-se contra a autoridade. O certo é que d. João foi aclamado ou se autoproclamou rei, colocando um fim à ficção da assinatura debaixo daquela da rainha. Seabra da Silva foi exilado para a Quinta do Canal. Teriam razão os rumores que corriam pelas praças? Maria teria ficado louca por ter sido enclausurada sem razão? Tiraram-lhe o trono. A forma serena com que aceitara a morte do marido, o pesar plácido com que vira enterrar os filhos, o genro, seu confessor, tudo indicava reações normais. A amada rainha, devota e próxima dos pobres, estava afastada do trono e da cidade. Ela se tornava uma sombra do que foi.

A essa altura, d. João e d. Carlota já tinham quatro filhos. Calavam-se os que especulavam sobre o futuro da dinastia Bragança. As celebrações oficiais foram ordenadas pelo regente. Sinos, tiros de canhão e iluminações. Em Queluz correram-se os touros, disputaram-se torneios, houve exibição de balões de ar iluminados que se perderam na noite estrelada.

Na vida da corte, os fatos se aceleraram. Durante os onze anos seguintes, de 1793 em diante, Carlota deu-lhe nove netos. Ela vivia em Queluz, e d. João, em Mafra. A Revolução Francesa, que tantas preocupações causara, tinha levado a uma guerra a partir de 1792. Seguindo o modelo dos ancestrais, d. João declarou a "mais perfeita neutralidade", quebrada quando a Inglaterra entrou na peleja, um ano depois. Então, o regente concordou em prestar "ajuda mútua" aos ingleses durante as hostilidades. Ele, porém, tinha feito pouco para melhorar as defesas do país. Tirando alguns poucos navios de guerra novos e manobras militares inúteis, não se preparou para a guerra, nem fez planos para a invasão que Portugal sofreria.

8

"Morrer para não morrer"

Em agosto de 1796, a Espanha aliou-se à França contra a Inglaterra, na guerra anglo-espanhola. O pacto das famílias Bourbon e Bórbon contra a hegemonia econômica e o liberalismo inglês que ameaçava os reinos absolutistas uniu os exércitos. Mas, em 1799, Napoleão deu um golpe de Estado. O novo século não reconheceria mais aquele que era chamado de "aventureiro corso" ou "pequeno caporal", mas, sim, o poder esmagador do imperador dos franceses. Suas mãos ávidas se apossaram de metade da Europa, enquanto seus sonhos, iguais aos da águia imperial, abarcavam o mundo, do Oriente ao Ocidente. Em maio de 1801, tropas espanholas, aliadas de Napoleão, invadiram Portugal. Foi a chamada "Guerra das Laranjas". Durou pouco – apenas três semanas – e foi vencida pelos espanhóis, que tinham sido pressionados pelos franceses a invadir algumas cidades do vizinho e garantir que os portos portugueses fossem fechados aos ingleses.

Quatro meses mais tarde, uma esquadra britânica, aliada de Portugal, subiu o Tejo, sob o comando do almirante Sir John Jervis. As ordens eram fazer um relatório sobre as defesas navais do país contra uma possível nova invasão. Jervis se impressionou mal: "O arsenal está desprovido, devido à negligência do falecido ministro da Marinha, ao mau estado das finanças e à inércia do governo, que exibe uma característica melancólica. Não se pode confiar de maneira alguma na Marinha portuguesa para a defesa da nação". Sobre o exército, não era menos pessimista: "Duvido que possam trazer mais do que treze mil homens para o terreno, e isto sem as necessárias provisões para abrir uma campanha, nem hospitais nem pessoal hospitalar, equipagem de acampamento ou roupas, exceto as que têm no corpo".

Maria, porém, tinha se esforçado, pois investira no fortalecimento das forças armadas e na educação militar. Em 1779, fora criada a Academia Real da Marinha e, em 1790, a Real Academia de Artilharia, Fortificações e Desenho. Ambas eram voltadas para a instrução de oficiais. Na Academia de Artilharia, a formação era feita em quatro anos: no primeiro, havia os estudos gerais de fortificação regular, ataque e defesa de praças. No segundo, estudavam-se fortificações irregulares efetivas e de campanha. No terceiro, teoria de artilharia, das minas e contraminas. O último ano se destinava à arquitetura civil, ao corte de pedras e madeiras, à construção de caminhos e calçadas e à arquitetura de pontes, canais, diques e comportas. Já na Academia Real da Marinha, a formação era voltada para a matemática, na busca por maior perfeição da náutica. A carreira provocava, inclusive, mobilidade social, o que agradava o povo.

Mas o inglês Jervis não estava só, pois o francês J. B. F Carrère também deu uma ideia negativa das forças armadas portuguesas: os soldados não eram recrutados, mas caçados. Os oficiais, por falta de pagamento, mendigavam, em voz baixa, pelas ruas. Seus uniformes não eram adequados. Não usavam casacas, mas coletes, e, por não usar botas ou polainas, seus sapatos "bailavam nos pés". Os cavalos eram mal alimentados, malcuidados, com maus arreios. Os homens, baixos e malformados. Enfim, para eles, "as tropas portuguesas não têm boa aparência, nem qualquer espécie de marcialidade".

Ao findar o reino de Maria, a situação financeira do Brasil chamava atenção. Daí a vigilância aos navios estrangeiros que circulavam pela costa brasileira, o aumento das guarnições, o combate aos contrabandistas. No Rio de Janeiro, melhoramentos urbanísticos foram feitos: construção do Passeio Público e do Largo do Paço, melhorias no cais da cidade e construção de casas e igrejas. Asfixiava-se qualquer tentativa de independência em relação a Portugal, enquanto o interior da Colônia crescia e apresentava grande mobilidade de gente e de riqueza. D. João, na Regência, mantinha a orientação econômica e política que Maria havia consolidado.

Seu filho tentou cercar-se de intelectuais, letrados e cientistas, reunidos na Academia de Ciências de Lisboa e na Universidade de Coimbra, que produziram uma série de estudos capazes de diagnosticar os problemas no reino e nas colônias. Eles propunham soluções práticas, projetos de desenvolvimento agrícola, com especial atenção ao Brasil, de onde vinha o grosso das matérias-primas. Era fundamental manter a integridade do Império e da monarquia, agora apoiada numa burocracia reorganizada. O esforço do regente, contudo, esbarrava em setores conservadores da sociedade portuguesa.

Na verdade, o francês J. B. F. Carrère, que considerava a rainha "sequestrada", tinha outra impressão sobre o que se vivia então: d. João queria ser informado de tudo, mas seus ministros tudo lhe ocultavam. Ele desejava governar, e eles o afastavam da governação. Julgava estar reinando, mas não passaria de um testa de ferro deles. "[...] ao povo iludido o príncipe aparece como aprovando tudo, apesar de muitas vezes nem sequer lhe terem dado informações fiéis. A maior parte das vezes nem sequer o informam de procedimentos que a rainha, sua mãe, cuja bondade, justiça e benignidade são conhecidas, lhes proibiria se estivesse no uso da razão". O regente enfrentava as mesmas cabalas que haviam armado para sua mãe.

Era época de guerras entre homens, mas também de uma guerra de crenças. A propaganda difundida pelos púlpitos explicava os conflitos com Napoleão como resultado da vontade de Deus. Não era um segundo terremoto, mas quase... Apelava-se à oração, ao jejum, à penitência. As tropas do imperador francês eram comparadas aos demônios que Deus enviava aos portugueses para punir seus pecados. Um novo Apocalipse! O castigo divino desabava sobre Portugal: as mortes, os roubos e as atrocidades cometidas pelo exército do "ímpio" Napoleão por toda a Europa aumentavam o medo. Preces públicas e procissões frequentemente antecediam a deslocação das forças patrióticas para a frente de combate.

Entre as visitas do almirante Sir John Jervis em 1801 e 1807, o quadro da política externa se agravou. Em 1806, na tentativa de isolar a Inglaterra de seus aliados comerciais, Napoleão decretou o bloqueio continental: todos os portos do continente europeu deveriam ficar fechados para o comércio inglês. Portugal não aderiu, e oscilava entre os benefícios da aliança com os britânicos, sua indispensável ajuda militar e econômica e a não hostilidade aos franceses. De pouco adiantou. A invasão de Portugal parecia iminente. O exército português não seria capaz de deter o rolo compressor francês. No entanto, a preocupação em preservar a monarquia de Bragança fez surgir a ideia de transferência da família real e da corte, ideia já cogitada em outras épocas. Afinal, do Brasil vinham as riquezas que eram o esteio da monarquia, e de lá se poderia, eventualmente, agir para a reconquista de Portugal. Em novembro de 1807, o general francês Junot chegava a Abrantes, aproximando-se perigosamente de Lisboa.

Apesar dos esforços feitos por Maria em isolar Portugal do agitado panorama internacional, marcado pela independência americana e pela revolução do Haiti, e do que o ministro Rodrigo de Souza Coutinho caracterizava como "excessos" e "absurdos" da Revolução Francesa, a invasão de Napoleão mudou o império. A ordem era fugir das tropas francesas.

Porém, a viagem da família real para o Brasil preocupava a todos. A precipitação dos últimos preparativos e a chegada da esquadra inglesa ao porto para ajudar na fuga dos Bragança acabou deixando a população em polvorosa. Nas margens do Tejo, amontoavam-se caixotes com riquezas tanto públicas quanto privadas. Instalada no Palácio de Queluz, a família real esperava a ordem de embarque. Chovia no dia 29 de novembro de 1807, e as ruas e praças da cidade foram transformadas em lamaçais. Pelas ruas encharcadas que levavam a Belém, começou a desfilar, desarticulado e grotesco, o cortejo de emigrantes, ao qual se juntaram os infelizes que não podiam fugir. Segundo um observador, a desordem da nobreza, do clero e dos funcionários parecia "o levantar de uma feira".

Segundo relatos de época, o regente chegou às onze e meia da manhã, sem nenhum acompanhamento e profundamente deprimido. Vinha com ele o infante espanhol, d. Pedro Carlos. Depois de um beija-mão frio e fúnebre, ambos seguiram sem séquito até junto do cais. Dois cabos de polícia lançaram uma prancha sobre a lama e, tomando-os nos braços, com a ajuda do povo, os transportaram até a galeota que os levaria à nau Príncipe Real. Depois veio d. Carlota, que embarcou na fragata Rainha de Portugal, junto com as infantas, o infante d. Miguel e algumas damas de honor. D. Pedro, com seu aio, aguardou a chegada da avó. O povo, por sua vez, circundava respeitosamente a família real, imerso num silêncio curioso. Maria foi transportada às pressas, numa cadeirinha, nos ombros dos lacaios. Mas, num rasgo de lucidez, ordenou que fossem devagar. Não estava fugindo.

Ninguém sabe com que aflição ela viu se fecharem as grandes arcas, recheadas de vestidos, cabeleiras, fitas, joias, objetos pessoais e prataria de uso diário. Ou com que angústia deixou para trás seus santos de devoção, oratórios diante dos quais rezava diariamente ou o túmulo de seus mortos queridos, que visitava com frequência. Para onde iria? O que saberia sobre o distante e pouco conhecido Brasil: um paraíso ou a terra que o Diabo escolhera para morar, com seus índios selvagens, negros boçais e matas fechadas?

Sobre os que ficaram no cais, contou o visconde do Rio Seco:

> O muito nobre e sempre leal povo de Lisboa não podia familiarizar-se
> com a ideia da saída del-rei para os domínios ultramarinos [...] desafogava
> em lágrimas e imprecações a opressão dolorosa que lhe abafava na arca
> do peito, o coração inchado de suspirar; tudo para ele era horror; tudo
> mágoa; tudo saudade.

O marquês de Fronteira e Alorna confirmava: "Nunca me esquecerão as lágrimas que vi derramar, tanto ao povo, como aos criados da Casa Real, e aos soldados que estavam no Largo de Belém". Eram lágrimas de saudade: palavra portuguesa sem tradução em outra língua. Saudade que queria dizer "a mágoa que nos causa a presença da coisa amada, o desejo de a ter presente, de a tornar a ver", como explicava o dicionarista Moraes e Silva. Maria teria saudades. E deixaria saudades, também.

Terminado o embarque, e com tempo favorável, o comboio com dezesseis naus, fragatas e brigues partiu, então, de Lisboa. Passou pela Torre de Belém e juntou-se à escola naval britânica, iniciando o que provou ser uma exaustiva travessia atlântica. Enfrentaram ventos fortes, mas também períodos de calmaria. Numa delas, Carlota Joaquina e suas filhas desceram da nau que as transportava e, em pleno oceano, tomaram uma galeota para visitar Maria, d. João e os infantes d. Pedro e d. Miguel a bordo do navio-almirante da esquadra portuguesa. A bordo, Maria ficava segregada da maioria dos passageiros, rodeada por serviçais, médicos e alguns nobres. Sua voz era ouvida vez ou outra. Seus gritos também, vez por outra, cortavam a noite. Sua figura ereta, envelhecida e mal penteada era vista, vez por outra, no tombadilho. Após três meses, em condições de higiene atrozes, sem água, lenha ou mantimentos, a nau fez escala em Salvador, a 21 de janeiro de 1808, onde permaneceu por 53 dias.

Luz intensa e sol de verão refletiram nos muros brancos e telhados arrebitados dos sobrados que escalavam o paredão que separava a

Cidade Alta da Baixa. Quem desembarcou? D. João, d. Pedro e Maria. Passaram uma semana no palácio do governador, descansando. Carlota demorou cinco dias para descer do navio e alojou-se num prédio no centro da cidade. Pouco se sabe de Maria, enquanto d. João e a família eram recebidos com entusiasmo pelos baianos. Embora a capital brasileira tivesse sido transferida para o Rio de Janeiro em 1763, o povo pedia que eles lá ficassem. Sermões, exortações, alocuções de júbilo, demonstrações de alegria do povo soteropolitano manifestavam à família real o apego dos súditos. Constantes solenidades religiosas, beija-mãos, procissões, enfim, os baianos alucinavam na adoração aos soberanos. Os Bragança traziam, aos habitantes do velho burgo da colônia, a miragem delirante de uma corte nos trópicos.

Eles não ficaram em Salvador, mas d. João deu aos brasilianos uma carta de alforria: o decreto que abolia o sistema de restrições coloniais, concedendo ampla liberdade de comércio a todas as nações estrangeiras amigas de Portugal e permitindo a entrada de gêneros, fazendas e mercadorias em navios que não pertencessem a países inimigos. Ele também proibiu que se marcassem os escravos com ferro quente e mandou distribuir terras aos índios. Além disso, criou uma Escola Médico--Cirúrgica na cidade, antes de rumar para o sul ao som da modinha:

> Meu príncipe regente
> Não saias daqui
> Cá ficamos chorando
> Por Deus e por ti...

Apesar das dificuldades da longa viagem, Maria melhorou. O médico e tenente inglês Thomas O'Neill relatou:

> Uma circunstância digna de nota me foi comunicada aqui: a rainha, cuja doença mental era bem conhecida havia muitos anos, depois de alguns dias no mar teve grandes melhoras em suas faculdades. Como é infinita-

mente bom o onisciente Criador, que, tendo-a privado de um trono terreno, fez o benefício de lhe restituir parcialmente a razão para seu trono celeste – uma troca mais do que preferível.

Tinha razão o dr. Willis: navegar era preciso.

***

Na tarde de 8 de março, sob uma salva real de todas as baterias dos fortes e das naus ancoradas na baía da Guanabara, a família real desembarcou no Rio de Janeiro. Enfim, depois de tanto desconforto e perigos, todos os membros se encontravam em local seguro. Para recebê-los, o chão foi coberto por veludo carmesim. Um soberbo pálio sustentado por quatro oficiais abrigou os viajantes. Eram tantas as pessoas acotovelando-se nas ruas e janelas para ver passar a família real que seus membros tiveram dificuldade de avançar no cais. Maria, contudo, continuou na embarcação. Detestava o barulho provocado por canhões e só desceu à terra dois dias depois. Regimentos em alas aguardavam a passagem da rainha, que era conhecida e adorada pelo povo. Desembarcada no cais de pedra recém-construído, ela foi recebida pelo clero, pelo corpo diplomático, por guardas e todos os vassalos com a costumada alegria e alvoroço. Na tentativa de disfarçar o mau cheiro que vinha das barracas do mercado na Praia do Peixe, foi saudada com uma chuva de flores jogadas das janelas.

À esquerda de quem vinha do mar, Maria avistou o sombrio casarão branco, regular e baixo, a mais suntuosa morada da colônia: a residência oficial do vice-rei. Ao fundo da praça castigada pelo sol e pela luz intensa, a linha do convento do Carmo com um torreão que recortava o azul do céu. À direita, na linha do casario que avançava para a praia, a casa dos Teles, com seus balcões verdoengos e uma das bodegas mais animadas da cidade: a do francês Philippe. No centro da praça, um chafariz singelo.

Numa cadeirinha de braços para ser vista e aplaudida, Maria foi levada por criados, em procissão, da Casa Real até o palácio. E, sob o repique de sinos e o ruidoso estrondo da comitiva, da porta lateral de entrada do edifício até seu quarto. Ninguém ficou indiferente à maneira afável e benevolente com que d. João tratava sua mãe. Ali também foi cercada pelas netas e pela nora, que a vieram receber "com lágrimas de ternura e amor". Damas e criadas se ajoelharam para o beija-mão. A ideia das autoridades era a de dar nove cargas de artilharia em sua homenagem. Mas d. João pediu que as suspendessem, pois o estrondo incomodava a rainha.

Maria e o restante da família foram instalados no dito palácio do vice-rei. Da janela, durante três dias, ela assistiu às iluminações na cidade. No dia 12, acompanhou a família numa missa em louvor à Puríssima Conceição de Maria Santíssima, na igreja de Nossa Senhora do Carmo. Solene, com toda a pompa possível e exposição do Santíssimo Sacramento, o ato terminou com um *Te Deum* e uma procissão à roda do Terreiro do Paço. Não se sabe se Maria teve forças para aguentar um dia inteiro de devoções.

Tampouco se sabe a data exata em que ela se instalou no prédio do convento do Carmo com seu séquito. Os padres carmelitas descalços correram para se refugiar num outro convento, na Glória. Em junho, instalada no primeiro pavimento, Maria acompanhou a procissão de Corpus Christi, que, com "régia pompa" jamais vista, celebrou o Corpo de Deus. Na época, para facilitar o trânsito dos membros da família real e de cortesãos, foi construído um passadiço que ligava a velha construção ao paço. O convento tinha uma originalidade: grandes janelas e nenhum claustro. A igreja em seu interior foi requisitada para ser a Capela Real, uma igreja de nave única com arcadas, tribunas e capela-mor profunda. Os dourados da decoração rococó lhe davam esplendor. A Capela Real foi ornada com todo o luxo o possível, e a voz de capelães cantores, recém-contratados, enchia o ar. Sabe-se que Maria saía do convento algumas vezes para jantar na Quinta da Boa Vista, onde seu filho se instalou.

Por que alojar a rainha num convento? Desde a segunda metade do século XVIII, a cidade possuía pelo menos dois espaços socialmente distintos. De um lado estavam campos, mato e montanhas, que foram lentamente ocupados por estrangeiros depois que a abertura dos portos começou a trazê-los ao Brasil para negócios. De outro lado estavam os terrenos de ocupação mais antiga, próximos ao mar, onde se localizavam os principais edifícios da cidade. Ali se erguiam imponentes casas que abrigavam os órgãos administrativos e fiscais, os estabelecimentos de grandes negociantes, as lojas e sobrados mais importantes e, claro, os conventos, como o que alojava d. Maria. Entre a Rua Direita e a dos Ourives ficavam as vias centrais da cidade, e por elas passavam senhores engalanados, senhoras em suas cadeirinhas, funcionários régios e muitos escravos ou negros livres que vendiam seus objetos e quitandas pelas ruas ou transportavam mercadorias. O movimento era grande. As vendedoras de café saíam às ruas às seis da manhã e permaneciam até as dez. Os vendedores de capim paravam de circular também às dez e, daí para a frente, só exerciam suas vendas na Praça do Capim. As vendedoras de pão de ló, com suas roupas brancas e xailes azuis da Costa, tinham que fazê-lo antes da ceia, ou seja, do almoço. Falares africanos misturados a outras vozes enchiam o ar.

A rainha, como tantos estrangeiros, teria se espantado com o avultado número de escravos negros? Pouco provável. Portugal tinha os seus, que eram cerca de 15 mil em 1777. Sua importação cessara em 1761, quando Pombal havia declarado livres todos aqueles embarcados na África, América ou Ásia que pisassem em solo português, com exceção dos que serviam no navio que aportasse e dos que já eram escravos antes. Em 1773, foram declarados livres os nascidos escravos em Portugal, além de facultar-lhes habilitação para todos os ofícios. Em Lisboa, assim como no Rio de Janeiro, eles carregavam e descarregavam navios abarrotados de produtos variados. Circulavam pela cidade transportando cestos repletos de produtos para os mercados; vendiam carvão, lenha e água de porta em porta; atuavam nas construções públicas e privadas ou dentro e fora das embarcações que chegavam ao porto. Muitos estavam integrados às corporações de ofícios, outros dedicados ao artesanato. Passavam de aprendizes a mestres e, uma vez alforriados, abriam loja própria. As mulheres, por sua vez, circulavam oferecendo quitutes e produtos frescos. Em Lisboa, como no Rio de Janeiro, homens e mulheres tinham seus gritos específicos para a mercadoria que oferecessem. Maria devia ouvi-los de dentro do Carmo.

Música que não se sabia se celestial ou infernal marcava o ritmo da cidade. Por cima de tudo, o som contínuo dos sinos lembrava que cabia à Igreja, tanto quanto ao trabalho, mediar a passagem do tempo. As horas litúrgicas, distinguidas por badaladas específicas, obrigavam os moradores à vivência de certo simbolismo católico. Às seis horas, era o Ângelus. Às doze, anunciava-se que o Demônio andava à solta. Melhor rezar... Às dezoito eram as Ave-Marias nas esquinas, em frente aos oratórios, caso se estivesse na rua. Tantos toques para um enterro, outros tantos para um nascimento, X para meninos, Y para meninas etc. Ao peditório em altos brados dos mendigos se juntava aquele dos irmãos de confrarias, com bandejas de esmolas e imagens de santos à mão, numa cacofonia sem fim. Enfim, o Largo do Paço, para onde se abriam as janelas do edifício, era o cenário privilegiado onde se davam os espetáculos do poder português na colônia: de procissões a desfiles militares.

O padre Luís Gonçalves dos Santos, mais conhecido como padre Perereca, contou que em dezembro daquele ano festejou-se o aniversário daquela que era "adorada de todos". Seguindo o costume, os festejos começaram com marcha de confrarias, salva de tiros e vivas a sua majestade. Regimentos desfilaram ao som de "harmoniosas músicas". O regente distribuiu mercês e grã-cruzes. Missas solenes foram rezadas na Capela Real nos dias 19, 20 e 21. Uma procissão com a presença de todas as ordens terceiras, comunidades religiosas e o clero da cidade, assim como as diferentes corporações de ofícios, coroada de flores artificiais, percorreu as ruas. Depois de duas noites em que, em terra e no mar, tudo se iluminou, ocorreu um foguetório no Terreiro do Paço, assistido pela população da cidade. No final do mesmo mês, junto com toda a família, Maria adorou o Santíssimo Sacramento na Capela Real e assistiu a uma missa cantada em comemoração pela partida dos franceses e a restauração de Lisboa. No ano seguinte, 1809, o padre Perereca anotava sobre seus aniversários: "Sua majestade fidelíssima, apesar de sua avançada idade, e habitual enfermidade, vive sem maior novidade que assuste seus vassalos pela sua preciosa vida". A rainha não assombrava ninguém.

A mudança da corte de Lisboa para o Rio de Janeiro instalou Maria num presente ignorado. Afinal, ela deixara tudo no passado: seus mortos, suas igrejas de devoção, suas casas, sua gente. No momento da saudade, os ritos e ofícios na Capela Real criavam um novo laço entre ela e o que restara de sua corte, consolidando uma comunidade. Comunidade pequena, entrincheirada no Carmo, porém capaz de ligar Maria ao invisível, onde ela encontrava conforto. Onde ela se reconhecia na tarefa que se tinha dado: proteger seu reino, seus filhos. Afinal, ela se chamava Maria. A ilusão da vida eterna atenuava a angústia da doença e do fim.

Em 1810, Maria assistiu, das janelas do Paço, às festas pelo aniversário de d. João. Não há, no entanto, sinal dela no casamento dos netos, o infante d. Pedro Carlos (filho de d. Mariana Vitória) com a infanta e princesa d. Maria Teresa (filha mais velha de d. João). Oito dias antes, um piquete de cavalaria, músicos, oficiais de justiça e membros do Senado da Câmara, precedido por um negro que soltava foguetes em cada esquina, havia anunciado a nova na cidade. Os noivos foram beijar-lhe as mãos depois da cerimônia. A rainha tampouco acompanhou as cavalhadas, com cavaleiros empenachados e corcéis brancos fazendo acrobacias no Terreiro do Paço. Também não foi ao Campo de Santana ver correr os touros, na arena encomendada por d. João. Maria escondia-se e era escondida. Vivia mergulhada num mundo à parte.

Em relação à sua estada no Brasil, encontramos uma referência à presença de Maria em uma missa conduzida pelo frade São Carlos. Segundo narra o documento:

> Solenizava-se na Capela Real a Santíssima Senhora das Dores. Um incômodo não tinha permitido vir assistir à festa a rainha d. Maria I. Não se contava com ela. O orador subira ao púlpito e ia já em meio do sermão, quando, aparecendo a rainha, teve de tornar a começá-lo. Então, voltando-se para a Tribuna Real, exclamou, repetindo o verso de Virgílio: "Infandum, regina, jubes renovare dolore" [Mandas, oh, rainha, renovar uma dor atroz].

Quase todos os dias, Maria era colocada em sua carruagem, na praça principal da cidade, antes de cruzar o centro para um passeio. Vestia-se invariavelmente de seda preta, num infindável luto pelo marido há muito falecido. O comboio partia pela cidade, seguido por dois cavaleiros, um para carregar água, outro para levar a escadinha coberta de veludo vermelho, caso a rainha quisesse descer do coche. Rodava pela cidade, ladeada também por dois moços de estribeira e acompanhada da fiel viscondessa do Real Agrado. O circuito do passeio era aquele feito por todo viajante que chegasse à cidade. Do Pátio do Carmo à igreja da Lapa, depois da Rua dos Barbonos até a da Guarda Velha. Dali dirigia-se até o convento de Santo Antônio, virando a oeste para o Campo de Santana. Seguindo as ruas de São Joaquim e a do Valongo, chegava à praia, cujo caminho ia dar no mosteiro de São Bento.

O povo se ajoelhava na passagem da rainha, que descobria, assim, a paisagem de uma cidade pobre e selvagem que seu filho tentava civilizar: ruas estreitas, movimentadas e alegres, coalhadas de trabalhadores mestiços, escravos, padres e mendigos; lojas de mercadores, que exibiam suas mercadorias à porta, por vezes na sombra de toldos de pano barato e riscado. Nos rostos dos comerciantes, nas camisas arregaçadas e nas tamancas, será que ela leria o traço da gente vinda dos campos do Minho ou das Ilhas? Não se sabe se ela chegou a recordar a Lisboa que viu emergir das ruínas do terremoto, suas ruas retas, os prédios novos e altos com grandes janelas, o palácio com vista para o Tejo; enfim, tudo o que deixara para trás.

Maria também era levada a passear na Fazenda de Santa Cruz, antigo convento dos jesuítas, agora a serviço da família real. Seu edifício não era grande nem imponente, conforme contou John Mawe, comerciante inglês de passagem pelo Brasil na época, que descreveu seu pátio aberto no centro e as galerias no interior, dotadas de 36 alojamentos, "ligeiramente alterados e decorados para receber a família real como residência de verão". Segundo Mawe, defronte da casa estendia-se uma das mais belas planícies do mundo, regada por dois rios navegáveis e limitada por um maciço rochoso e exuberantes matas. Ali, junto com o filho, Maria saboreava mangas.

E não faltavam igrejas a visitar, como estava acostumada a fazer em Lisboa. Uma delas era a catedral dedicada a São Sebastião, baixa, singela e compacta, que mirava a cidade do alto do morro do Castelo. Para seu adro corriam os moradores no final da tarde, a fim de tomar a fresca da brisa marinha. Bancos de pedra rodeavam a igreja. Para ir à de São José, não tinha nem que sair. Ela ficava nos fundos do Paço, na rua que levava seu nome. As paredes pintadas de vermelho, azul e dourado não diminuíam a sensação de tristeza do edifício, onde, numa imensa pia batismal, as criancinhas eram batizadas por imersão, de ponta-cabeça. A de Nossa Senhora do Rosário, pequena e pobre, se acotovelava com becos de imundície agressiva. Santa Rita possuía um templo na Rua dos Ourives. Era a mais moderna e leve das igrejas e tinha um altar esplêndido. A da Candelária ainda estava em construção, mas sua fachada ricamente ornamentada e a belíssima vista para o mar impressionavam. A da Santa Cruz, na Rua Direita, ornada com esculturas da Fé, Esperança e Caridade, tinha sido construída por militares e ficava próximo à da

Lapa dos Mercadores, com seu zimbório coberto de telhas holandesas. A mais bela era a de São Francisco de Paula, na praça de mesmo nome. Sua imponente escadaria e os dois campanários não tinham similar na cidade. Maria se recolhia entre as conchas e volutas douradas, os pequenos anjos pendurados nas colunas, benzendo-se ao mergulhar na escuridão das capelas profundas.

Como em Lisboa, no Rio de Janeiro não faltavam milagres e milagreiros. O fim do século XVIII tinha importado muito da exacerbação religiosa da metrópole. Bispo e governador disputavam avidamente relíquias como fios de cabelo, dedos do pé ou pedaços do hábito franciscano do recém-falecido santo frade Fabiano, que profetizava mortes e se achava dotado de poderes divinais; no mosteiro de São Bento repousavam as milagrosas relíquias de São Vitorino, São Bento, Santa Gertrudes e do Santo Lenho. Os carmelitas não ficavam atrás e guardavam "três cabelos de Nossa Senhora e um de Sant'Ana"; penitentes flageladores percorriam as ruas do centro, não só na procissão das Cinzas e do Senhor dos Passos, como também nas altas horas da madrugada, perturbando com suas piedosas lamúrias o sono dos moradores. A saliva de Santa Rosa Egipcíaca era misturada a poções milagrosas e curava doenças; irmandades, confrarias e capelas se multiplicavam homenageando toda a corte celeste: o Menino Jesus, sua virgem genitora, seu pai putativo, sua poderosa avó e seu virtuoso avô até sua bisavó materna, Santa Emerenciana, cuja milagrosa imagem Maria visitava na igreja dos Carmelitas cariocas. Já os capuchinhos italianos comoviam multidões com suas dramáticas pregações, entremeadas por autoflagelações e descrições espantosas do fogo do inferno. E será que Maria se divertia vendo da janela, às vésperas de São João, banhistas correndo para o "banho religioso", quando os devotos pediam proteção?

E o que dizer de seu inimigo preferido, o Demônio? Ele também fizera sua morada nos trópicos. Sabia-se desde sempre que, ao ser expulsa do paraíso, a serpente viera habitar os trópicos. Embora, no reinado de seu pai, a Inquisição tivesse adotado nova postura frente à demonologia, deixando de julgar processos contra endemoniados, quantos ou quantas ainda não acreditavam em pactos satânicos? Na opinião de seu desafeto, o marquês de Pombal, suas aparições não passavam de devaneios. E devaneios femininos. Segundo ele, "as mulheres não seriam poupadas de uma atmosfera que continuava imperando, sendo agora culpadas não por sua natureza mais suscetível ao Diabo – este passa a assustar cada vez menos –, mas doravante por serem histéricas como reza o Regimento" do Santo Ofício.

Pois no Rio de Janeiro fervilhavam benzedores, exorcistas e mezinheiros com tenda aberta no Campo dos Ciganos. À noite, ouviam-se batuques de ritos considerados "infernais" e rugiam os tambores chamando o Senhor das Trevas. Mesmo residindo no inferno, Lúcifer tinha um poderoso exército de anjos malditos que lhe obedeciam como os anjos bons obedeciam a Deus. E, como em Portugal, a sociedade extremamente religiosa acreditava que o corpo físico estava sujeito às manifestações de forças sobrenaturais traduzidas por feitiços variados, sortilégios, espíritos malignos e diabólicos. A doença, Maria o sabia, era fruto da ação divina que punia a má conduta humana diante de suas obrigações em face de Deus. Diante de tudo isso, Maria se escondia no convento do Carmo. Sentia-se segura perto de seus santos e da Capela Real.

Porém, a rainha se eclipsava. Sua mente era como uma vela que se apagava. A chama acusava a escuridão no seu entorno. Na data de seu aniversário, no fim do ano de 1811, houve apenas distribuição de mercês e o batizado do infante d. Sebastião, seu bisneto. Portugal, porém, não a esquecia. Apelos ao retorno da família real percorriam o reino, enchendo as páginas do *Correio Braziliense*, considerado o primeiro jornal brasileiro. Apelos, vale dizer, dirigidos a ela, a sempre rainha. Nas ruas, folhetos volantes ou textos alentados, como o escrito por certo Francisco de Salles Oliveira, imploravam pelo regresso de Maria: "Habitantes de Lisboa dirigem à sua majestade fidelíssima e a suas altezas reais, que Deus guarde, para que se dignem a voltar a essa corte...". Trinta páginas de quadras e má pontuação discorriam sobre o desamparo português, a arrogância inglesa e o empobrecimento da metrópole. Que a rainha-mãe voltasse – imploravam!

Mas o nascimento do pequeno d. Sebastião veio acompanhado de morte. No dia 26 de maio de 1812, às seis e meia da tarde, fechou os olhos seu pai, o infante da Espanha d. Pedro Carlos, neto de Maria, aos 24 anos. O jovem príncipe foi vitimado por "uma violenta febre nervosa", contou o padre Perereca. "Os dobres dos sinos da Capela Real" e os tiros de quarto em quarto de hora confirmavam: "o senhor infante há pouco expirou". O "real cadáver" passou por centenas de alas de corpos militares, e as mulheres estavam "ansiosas de ver passar o enterro de sua alteza, espetáculo que pela primeira vez se apresentava aos nossos olhos neste Novo Mundo". Foram decretados quatro meses de luto e todas as cerimônias habituais: ofício dos defuntos cantado pelos músicos da Capela Real, o caixão exposto em destaque coberto de veludo e panos bordados a ouro.

Nos anos seguintes, muitos músicos chegaram ao Rio. Artistas estrangeiros também faziam parte do cenário artístico da nova corte, como a soprano Mariana Scaramelli e seu marido, o coreógrafo e dançarino Louis Lacombe. Não se sabe se Maria, que tanto gostava de óperas, jamais os ouviu nos espetáculos que encenaram no Teatro Real. Dramas eram apresentados nos dias de aniversário dos outros membros da família. Segundo o comerciante inglês John Luccock:

> a rainha-mãe estava bastante velha para que as vicissitudes não lhe trouxessem senão impressões ligeiras, contanto que o conforto habitual de sua pessoa não se perdesse [...] Sua pessoa estava no Rio, mas sua imaginação, diziam, apresentava-lhe, geralmente, cenários de Lisboa.

Em maio de 1813, sob o calor dos trópicos, falta d'água e muitas febres, viu fechar os olhos sua irmã, d. Maria Ana, que "oprimida do peso dos anos e de uma gravíssima enfermidade entregou o seu espírito ao Criador". A morte de uma velha inspiraria dor a outra velha? Mais lágrimas, mais ofício de defuntos, tristes sons de sino. Num dia chuvoso, a princesa foi enterrada no convento de Nossa Senhora da Ajuda. Maria esteve ausente do cortejo fúnebre. Conhecida benemérita, Maria Ana passara a vida tecendo panos preciosos para cobrir altares em Lisboa, doara suas joias para a reconstrução do convento do Desagravo do Santíssimo Sacramento, derramara esmolas no convento das irmãs salesianas para aí fazer educar meninas pobres e garantir dotes para elas, vestira os pobres e os eclesiásticos e era o socorro dos encarcerados, contou o padre Perereca.

Já d. Benedita vivia cercada de um pequeno círculo e, segundo o embaixador extraordinário enviado ao Rio de Janeiro por Luís XVIII, o duque de Luxemburgo, "ativava intrigas", e do seu apartamento transpiravam "censuras", ou seja, críticas. Pelo visto o hábito das intrigas migrara com a princesa viúva. Comparada pelo diplomata francês, o barão de Neuville, a uma pintura de Velásquez, d. Benedita vestiu-se de preto e cobriu-se de diamantes do dia em que enviuvou até o de sua morte. John Luccock ainda observou que d. Benedita "há muito que se afasta o quanto possível da vida pública" e que o mesmo se dava com a outra irmã da rainha, d. Maria Ana: "uma vez satisfeitas as suas necessidades pessoais, e não contrariados os modos costumeiros de viver, nada mais ela desejava, continuava vivendo como vivera em Lisboa, sem ambicionar influência ou disso fazer caso".

Passados já alguns anos desde que chegara ao Brasil, não se sabe se Maria tinha ainda alguma esperança de rever Lisboa. No fim de 1815, seu aniversário teve desfile de tropas com "garbo e asseio" e aplausos da população, mas quem recebeu os parabéns foi d. João. No 81º aniversário de Maria, seu filho elevou o reino do Brasil à graduação de Reino Unido de Portugal e Algarves, determinação seguida de festas apoteóticas, do Amazonas ao Prata. Fora do convento do Carmo, tudo era festejo. Mas, pelos seus corredores, vagava Maria deprimida, Maria alienada, Maria triste, mas, também, Maria sagaz. Estava muito grisalha, o que a fazia mais respeitável. Quando d. João foi lhe informar o casamento das netas – o de Maria Isabel com o rei da Espanha, Fernando VII, e o de Maria Francisca com o irmão desse rei, Carlos de Bourbon, ela prontamente cravou: "Maria Isabel casa muito bem; mas Maria Francisca, não!". Absolutamente lúcida.

Ao contrário do que fazia em Portugal, Maria nunca se banhou nas águas da Guanabara. Os banhos de mar eram uma das diversões da sociedade, além de recomendados pelos médicos desde 1812, segundo indica um aviso na *Gazeta do Rio de Janeiro*:

> No dia 1º de outubro próximo, achar-se-á a flutuante dos banhos fundeada defronte do Largo do Paço, para uso do público desta corte. Os camarotes e tanques foram aumentados e se acham com todas as comodidades, tendo salas de espera e tanques separados assim para homens, como para senhoras. E igualmente salas e tanques separados em que poderão entrar homens casados juntamente com suas mulheres [...] não se admitindo casais de outra maneira. Os escalares estarão prontos, desde o amanhecer até dez horas da noite, um no cais do paço, outro no cais novo da ponte do Arsenal da Marinha. O preço de cada banho será de duzentos réis por pessoas.

Não se sabe se, como tantos velhos nesta época, Maria estaria degradada, curvada, se teria perdido os dentes, se cheiraria mal, se teria adquirido um pigarro encatarrado. A medicina e a higiene que avançavam na Europa não tinham chegado aos trópicos. Teria se esquecido dos entes queridos que já haviam partido, de seus rostos, de sua voz? Lembraria-se das ruas de Lisboa, das igrejas onde orou, dos gritos dos vendilhões ou da cor do Tejo? Viveria em atropeladas recordações de fatos e pessoas mortas – como querem alguns biógrafos? Sua longevidade tinha, portanto, o gosto do heroísmo. Ser velho, então, era roubar pequenos prazeres à vida, era assistir a corpo e espírito se paralisando por males físicos. Era aceitar a decrepitude. Com tantas rugas no espírito quanto no rosto, a velhice era feita de desgosto das coisas, de balbucio de palavras incompreensíveis, de suspiros e gemidos infantis. Sem poder fazer dissecações em Portugal, os médicos acreditavam que o coração dos velhos diminuía de volume com a idade, até desaparecer, o que provocava a morte.

E até na velhice Satã tinha uma palavra a dizer. Quando Deus criou o homem, corpo e alma estavam em perfeita harmonia. Sua separação, ou seja, a morte, era impossível. Mas como, por influência da diabólica serpente, o homem quis provar da árvore do Bem e do Mal, foi condenado a sentir os humores do corpo entrarem em luta, até a morte. Somente onde não havia tal guerra, ou seja, entre anjos e arcanjos, vivia-se para sempre. A regra para a velhice dos grandes, segundo o *Relógio dos príncipes*, obra de frei Francisco de Guevara, cronista real da corte de Carlos V, era simples: ser virtuoso e se calar. Calaram Maria. De 1808 a 1817, não há uma única notícia sobre ela no *Correio Braziliense*.

Em meados de 1815, corriam boatos da volta de d. João a Portugal. A saúde de Maria começava a oscilar. Segundo registrou Luís Marrocos, bibliotecário da Real Biblioteca Portuguesa, ela estava "há dias incomodada, sem comer, nem descansar, com grande febre e outros sintomas que muito nos assustaram; mas felizmente se restabeleceu com todo o cuidado e hoje temos o gosto de a ver bem-disposta no exercício de seus passeios". Em fevereiro do ano seguinte, circulavam novos rumores. Sua doença se agravava, "principiando por disenteria, febre, fastio, e daqui tem prosseguido a uma insensibilidade notável da cintura para baixo, inchação de pés e mãos e olhos quase sempre fechados [...] nada até agora nos tem dado motivos de alguma esperança de sua perfeita cura", registrava Marrocos. Ainda assim, era levada a passear de cadeirinha dentro do Paço. Queriam transportá-la a Mata-Porcos, local considerado de melhores ares. As esperanças de recuperação, no entanto, eram poucas. Maria se tornara um ente encarquilhado, débil, que a cada gemido parecia render a alma. A rainha, para usarmos as famosas palavras de Santo Agostinho, parecia que queria "morrer para não morrer".

Venha, morte, venha...

É provável que Maria pensasse em seu fim. Essa era uma das preocupações da época; afinal, como recomendavam os manuais de bem morrer, "a morte era o mais importante negócio da vida". Que o dissesse sua amiga, a priora do convento da Estrela, que tanto lhe escreveu: "com ânsia e desejo de morrer, porque temo, vivendo, desagradar a Deus". O fim era esperado "com alegria". Aliando-se ao temor do que aconteceria depois dele, o clero insistia na problemática do destino dos que perdiam a vida sem estar na graça do Todo Poderoso. Preparar a passagem era fundamental. A incerteza relativa ao futuro era acentuada nas prédicas e sermões ouvidos nas igrejas, na Capela Real ou nos livros de oração, que instruíam os indivíduos – plebeus ou nobres – sobre o medo do Demônio tentador, sobre a consciência dos pecados e sobre o terror do inferno. Nesses livros, a chegada da morte era desejada com ardor: "Ó morte! Vinde, não vos demoreis". A pressa em deixar o mundo, lugar de privações e misérias, era justificada pela esperança de atingir o paraíso. O Deus Justo, árbitro supremo, velava para que os bons fossem recompensados e para que os maus fossem torturados pelo remorso, devorados por chamas. Maria ressuscitaria em esplendor, seu corpo de velha transmutado em beleza?

O dia 20 de março de 1816 amanheceu ao som do dobre de sinos de finados. Veludos negros foram exibidos nas varandas. Coches carregados de crepes cruzavam a cidade. No paço, um burburinho de vozes baixas. Num grande luto, cortesãos subiam e desciam as escadarias do Paço, todos de preto, compungidos. Por quem os sinos dobravam? Morreu a rainha. Morreu em consequência de "extrema debilidade". Fecharam-se as portas das secretarias e dos tribunais em sinal de luto. Os canhões de fortalezas e navios no porto disparavam lúgubres, de dez em dez minutos. Nas ruas, gritos entrecortados de vassalos. A cidade chorou.

Maria tinha 81 anos, três meses e três dias. Ela se apagou docemente e sem revolta. Deixou o mundo como quem deixa um salão animado, sem nada interromper. Na Sala dos Despachos, transformada em câmara mortuária, repousou o cadáver da soberana querida. Fora lavada, limpa e amortalhada por suas aias. Da mulher elegante e austera nada restava. Mas a velhice lhe trouxera uma pátina comovente nas rugas do rosto e nas mãos manchadas que apresentava sobrepostas. Ao peito, a grã-cruz de S. Tiago; a tiracolo, a banda da Ordem de Cristo e a banda encarnada de Avis. Envolvia-lhe o busto, com chocante suntuosidade, o manto real de veludo carmesim, forrado de seda branca, todo borrifado de estrelas de ouro. No dia 21 à noite, conforme registrou a *Gazeta de Lisboa*, seu corpo foi transladado "do leito para o cofre, e caixões do estilo, e embalsamado com aromas". Na manhã seguinte, o caixão foi colocado na sala do depósito, enquanto os clérigos da Capela Real oficiaram sucessivamente nos altares armados nas salas contíguas. Seu esquife brilhava à luz de centenas de velas e archotes. Maria sobreviveu a tantas mudanças e escapou da ironia a que eram submetidas as mulheres velhas: serem comparadas a bruxas e feiticeiras.

As primeiras a lhe beijar as mãos foram Carlota Joaquina e suas filhas. D. João desolou-se. Era filho dedicadíssimo. Veio acompanhado dos filhos d. Pedro e d. Miguel. O conde de Parati e o visconde de Magé, seus protegidos, dois amigos do coração, cercavam filho e netos. Ouviam-se choro e soluços. Na câmara-ardente, compartimento destinado à exposição do cadáver até a hora do funeral, estavam de pé, com os vestidos lantejoulados de vidrilhos negros, a senhora viscondessa do Real Agrado, camareira-mor, e a d. Margarida Sofia de Castello Branco, dama da câmara, velando com respeito o corpo real. O marquês de Angeja, reposteiro-mor, retirou o manto que cobria a defunta. E então, em lágrimas, o regente, o príncipe e o infante, debruçando-se sobre o caixão, beijaram a velha senhora. O marquês de Aguiar, d. Fernando José de Portugal e Castro, pediu a d. João que se poupasse. Os três retiraram-se da câmara mortuária para seus aposentos.

Com muitas lágrimas, todos os presentes, inclusive as damas vestidas de luto com toucas negras, beijaram a mão de Maria, por cima de um lençol. Depois de fechado, o ataúde foi coberto por longo pano de veludo negro com cruz de damasco. Aos pés do caixão, uma mesa com uma cruz de capela, dois castiçais com velas, uma caldeira com água benta e quatro tochas em tocheiros de prata. Tiveram início as orações do ofício dos defuntos, e os responsórios eram cantados pelos melhores cantores da Capela Real. Depois o bispo celebrou a missa pontifical, e, à tarde, concorreram ao Paço as comunidades religiosas, irmandades e colegiadas para a encomendação do corpo. O padre José Maurício, músico da corte, compôs um réquiem. Findas as cerimônias religiosas, foi então descrito o cerimonial com a nobreza da corte.

Às nove e meia do dia 23 saiu o real corpo na seguinte ordem: na frente da comitiva, um corpo de cavalaria com carabinas na mão. Seguiam-se, a uma distância de quarenta passos, os porteiros da câmara, a cavalo. Vinham depois o tenente da Guarda Real e o corregedor do crime da corte, acompanhados dos membros das grandes famílias da corte à sua direita e os oficiais da casa e conselheiros à esquerda. Todos eles com capas pretas compridas, montados em cavalos cobertos de mantas pretas e alumiados por seus criados de libré, que levavam telizes com suas respectivas armas. Em seguida vinha o cabido em cavalgada, presidido pelo cônego mais antigo, vigário geral deste bispado, com estola preta. Próximo ao grande coche que conduzia o real corpo vinham: à direita, como mordomo-mor, o marquês de Angeja; à esquerda, o reposteiro-mor, o conde de Cavaleiros; e, um pouco atrás, o estribeiro menor. O coche era forrado de preto por dentro e por fora, e vinha coberto com um grande pano de veludo, também preto. Conforme noticiou a *Gazeta do Rio de Janeiro*:

> Alumiavam o real corpo os moços da Real Câmara [...] seguia-se a Guarda Real dos tudescos [...] Seguiam-se mais três coches puxados a seis. O primeiro levava a coroa e o cetro, o segundo era de estado e o terceiro conduzia o cura da Real capela. [...] Seguia-se o Estado Maior do Quartel General, e depois disso o Regimento de Cavalaria de Linha e a Cavalaria de Polícia e coluna com as espadas em funeral.

O corpo da rainha seguiu até o convento de Nossa Senhora da Ajuda. À porta da igreja desceu-se o caixão, que primeiro foi levado sobre o esquife da Misericórdia, aos ombros de irmãos pobres, num belo símbolo de igualdade humana perante a morte. Então, foi carregado para o interior pelos grandes do reino e reposteiros do paço, enquanto os oficiais da Real Casa quebravam suas insígnias em público. Maria foi rainha, do berço ao túmulo.

No mesmo dia 23 de março, as honras fúnebres se realizaram na Capela Real, forrada de alto a baixo de negro avivado de ouro. A decoração casava com os entalhamentos dos altares, as franjas dos dosséis e o espaldar do sólio episcopal. A cerimônia se prolongou das dez e meia da manhã às dezesseis horas, executando-se a missa pontifical, proferindo o sermão o deão de Braga. Na Capela Real do Rio, o cântico entoado por capelães e cônegos enchia os ares, numa cerimônia de adeus que durou mais do que cinco horas. No centro, a efígie de d. Maria, sustentada por um gênio, acompanhada das alegorias da

Imortalidade e da Fama. Esqueletos guarneciam as paredes cobertas de veludos negros, instigando os cortesãos a pensarem no seu próprio fim e a reverenciarem a soberana.

A morte era um momento privilegiado de exaltação do poder régio, e o mausoléu, não uma representação da morte, mas do triunfo sobre ela. A decoração barroca das igrejas e os sermões fúnebres, as orações e os poemas que eram então escritos, tudo louvava as qualidades e virtudes de Maria. As demonstrações de tristeza eram obrigatórias. O amor dos súditos à sua soberana era um dos sentimentos mais sublinhados em tempo de luto real, ilustrando odes e epigramas. Sua morte era como "uma noite que se abate", cantou um poeta. Por fim, uma oração fúnebre santificava a rainha sábia, justa, protetora de seus súditos indefesos, enquanto sedimentava o poder real: "É verdade incontestável possuirmos uma rainha que fazia as delícias da nossa existência, a mais Perfeita Tutelar da Religião, Mãe da Pátria, defensora de nossa glória, consolação de seus súditos". A obediência a Deus é que lhe "iluminava os caminhos da razão". As palavras ajudavam a suportar a morte, mas seus símbolos serviam para reforçar os vínculos da família real com seus vassalos. A cidade inteira carregava o luto da dinastia. Pelas ruas e praças ecoavam os cânticos da saudade, que, no interior da maioria dos templos e conventos, provocava a real memória evocada nos sermões e nas jaculatórias.

***

A morte da rainha foi o assunto geral na cidade. Dia e noite, mais de duzentas pessoas trabalharam na execução de seu mausoléu. No dia 21 de março, o Senado determinou o uso geral do luto durante um ano, sendo rigoroso em seis meses e aliviado nos seis meses seguintes, após a publicação de ofícios pelas Câmaras. O luto era demonstração pública de obediência e respeito. O sentimento de pesar devia ser compartilhado pelos súditos.

D. João esteve na maior desolação possível de mágoa e saudade: perdeu a vontade de comer e chorava continuamente. O bibliotecário Luís Marrocos observou que, em razão do clima quente de verão, o regente dispensou as meias de seda, de uso obrigatório no luto rigoroso. As celebrações fúnebres foram praticadas na corte e em outras localidades do império colonial português. O ofício fúnebre, rezado pelo núncio do papa, teve circunstantes carregando tochas.

Oito dias depois, os vereadores da Câmara, em sombria procissão, precedida por um cidadão de capa negra, também quebrariam os escudos nos tablados montados na Praça do Capim, no Largo de Santa Rita, no Rocio e diante da Lapa do Desterro, convidando o povo a chorar a morte de sua rainha. Um bando já saíra para anunciar o luto de um ano por Maria. Decorridos oito dias, também, a família real recebeu pêsames, sendo acolhida dentro do coro pela comunidade do convento, com a abadessa, vestida de pluvial negro, à frente.

"Toda a capela estava ricamente enlutada, assim nas paredes como no pavimento, e alumiada por um grande número de luzes", noticiou a *Gazeta do Rio de Janeiro*. Era a primeira vez que o Rio assistia às cerimônias fúnebres por uma rainha, as quais impressionaram a multidão, que, ao longo das ruas, acompanhou todas as homenagens.

Somente no dia 29 de março um devastado d. João apareceu em público, quando, pela manhã, se dirigiu à Capela Real para ouvir a missa e, em seguida, lançar água benta ao túmulo da mãe. Também na hora da morte a monarquia tinha que se reinventar e, embora Maria estivesse morta para a vida pública havia muito tempo, nem por isso d. João deixou de emprestar às cerimônias fúnebres a mesma grandiosidade que lhe seria devida se ela tivesse governado até o fim da vida.

Ao longo dos dias e em toda a parte se ouviam tiros das tropas, rezavam-se missas, bandeiras desciam a meio pau e distribuíam-se "absolvições de pecados". O Reino do Brasil chorou: em Vitória, 132 lumes arderam em torno de uma urna funerária. Em Angra do Reis, os negociantes distribuíram esmolas aos mendigos, presos e doentes em memória da rainha. São Paulo fez levantar uma pirâmide quadrangular imitando mármore e, sobre ela, uma estátua de Lísia chorando sua morte. Em Salvador, foi construído na igreja do Colégio "um suntuosíssimo mausoléu quase da altura e largura da igreja, sustentado por quatro grupos de doze colunas sobre pedestais que suspendiam uma bela peça de arquitetura da ordem coríntia", anunciava um jornal local. Já a *Gazeta do Rio de Janeiro*, numa longa homenagem, saudou a "augusta soberana [...] Mãe carinhosa que procurava a desvelada prosperidade de seus filhos e que teve a fortuna de consegui-la em um reinado prudente e dilatado".

A notícia levou tempo para chegar à capital do reino, e apenas a 4 de outubro foram feitas as cerimônias fúnebres por sua alma em Lisboa, na igreja de São Julião. Após a solenidade, um grande incêndio destruiu por completo a igreja, uma estranha coincidência em se tratando de alguém que passou a vida temendo incêndios e vendo neles o fogo do inferno. Portugal também chorou. Nas principais cidades, os súditos deram mostras de gratidão e pesar. Todas as vilas do reino foram avisadas da morte e da obrigação de luto, sob penas pecuniárias e de reclusão. Em Lisboa, a Capela Real foi coberta com tecidos negros e os emblemas da majestade. Uma urna coberta com uma almofada com a coroa e o cetro, sobre um pedestal encimado pelo retrato de Maria, convidava o povo a chorar de saudade e dor. A população soluçava enquanto o cortejo, sob a luz de tochas e coberto por capas pretas, desfilava pela rua. "Chorai clero, nobreza e povo, que é morta a nossa augusta soberana, a senhora d. Maria." Nas praças, depois de uma arenga em louvor da rainha, juízes e um civil, à sombra de bandeiras de luto, quebraram os escudos. Os escudos eram o elo entre o soberano e seu povo. Afinal, a morte era sinal de perturbação da ordem natural. Repetiu-se a operação mais duas vezes. Era o luto por uma mãe.

Sua perda reverberou pelo império e através do oceano. Notícias correram pelas possessões portuguesas de além-mar. Levadas por navios de comércio, se espalharam pela costa brasileira, enquanto as mulas transportavam as notícias para o interior. Meses depois do enterro, as notícias ainda chegavam a Goa, Moçambique e Macau, enquanto estátuas e memoriais eram erguidos nos quatro continentes.

Em Londres realizaram-se exéquias solenes na Capela Portuguesa, toda forrada de negro, placas de espelhos e escudos de armas. A música de imensos compositores lembrou Maria e comoveu. Ouviu-se o *Dies Irae* de Mozart, o *Agnus Dei* de Haydn, o *Responsorium* de Pergolezi e a *Marcha em Saul* de Handel. Em Roma, no consistório privado, o papa Pio VII a recordou:

> Nenhum de vós ignora que, desde a sua mocidade, manifestou a excelente rainha que perdemos, todas as sementes da virtude cristã, que desenvolvidas depois produziram os mais belos frutos. Assim que subiu ao trono, distinguiu-se logo pelo zelo da honra e propagação da religião católica; mostrou um incomparável amor para com seu povo; e, para dizer tudo de uma vez, dedicou-se toda ao bem espiritual de seus vassalos. E foi em razão disto que o nosso bom predecessor Pio VI confiadamente declarou "que ela seria em todas as idades futuras o exemplo das verdadeiras virtudes" [...] Seus desejos só eram que a Sé Apostólica e o Reino Lusitano vivessem unidos em perpétuo vínculo de caridade e amizade.

Maria foi a primeira rainha a ter suas exéquias celebradas na capela pontifical, honra até então reservada para reis e imperadores. Maria foi, enfim, recompensada pela Igreja que tanto prestigiou.

Sua morte pôs um fim à regência, e d. João passou a ser o soberano. Cessaram os choros e as lágrimas. O ritual da coroação teria que superar em ostentação e espetáculo o das exéquias. O importante era assegurar a continuidade da monarquia e da família de Bragança. D. João se tornou finalmente rei: d. João VI de Portugal. Isso, no entanto, aconteceu passados alguns meses da morte da rainha. Ele achava que, naquele momento de luto, não devia subir ao trono. Além disso, outros defendiam que esse período de espera era necessário para que

d. Maria transpusesse o purgatório. O tempo que uma alma levava para atravessá-lo era determinado pela Igreja. E, apesar de ser considerada devota e piedosa, Maria não teria ido direto para o céu. Só depois que ela lá chegasse, seu filho poderia cingir a coroa.

***

Agosto de 1820: estourava no Porto um movimento liberal voltado para a convocação de uma Assembleia Constituinte, exigindo o imediato retorno do rei. A ideia era criar uma espécie de monarquia constitucional e retornar o Brasil à sua condição de colônia portuguesa. Dois meses depois, as notícias chegavam ao Brasil, dividindo a sociedade, inclusive os portugueses que aqui moravam, entre liberais e colonialistas. Entre os contrários ao retorno do absolutismo e os favoráveis ao retorno do monopólio comercial, cresciam tensões. Um ano após a eclosão do movimento, em 26 de abril de 1821, d. João VI, sua esposa e suas filhas, assim como uma parte da corte, embarcaram de volta a Lisboa. Cerca de 4 mil pessoas fizeram a viagem, e junto foi todo o ouro do Banco do Brasil. Como regente ficou seu filho e neto de Maria, d. Pedro, e, com ele, segmentos importantes do antigo grupo que havia fugido de Portugal.

Na antevéspera da partida para Lisboa, o corpo de Maria, há cinco anos fechado num túmulo, foi carregado em mais um cortejo mortuário desde o convento da Ajuda até a fragata transformada em capela ardente, onde outro velório se realizou. D. João, choroso, ladeava o caixão. Em Lisboa, no dia 4 de junho de 1821, o cais do Tejo se encheu de gente para receber seu rei, que voltava do Brasil. Mas a chegada à capital, após dois meses de viagem, transformou-se num cenário sombrio. Da fragata saíram o caixão da rainha, de sua irmã d. Maria Ana e do jovem príncipe Pedro Carlos. Os mortos voltavam para casa. O cais transformou a festa em luto. O riso fez-se pranto.

Maria não descansou: seu cadáver andou de convento em convento, como se escolhesse o lugar de repouso. Ela, que os frequentou todos e tanto. Até que, no dia 18 de março de 1822, nove meses depois da chegada do caixão à cidade, seu corpo foi finalmente transladado para a igreja do convento do Sagrado Coração de Jesus, na Estrela. A cerimônia, que duraria três dias, começou à noite. Com tochas nas mãos, quem acompanhava o féretro ia mergulhado em profundo silêncio. O rei e a corte seguiam em coches, com os nobres atrás, a cavalo, todos cobertos de capas e chapéus negros. Criados, escudeiros e pajens ladeavam, a pé, seus senhores. Atrás deles, os bispos, padres e monges, seguidos da infantaria, da cavalaria e de bandas de música, que tocavam tristes melodias.

Um segundo funeral lhe foi então dedicado. No altar-mor da basílica da Estrela, destinado a fazer sentir o caráter divino da missa, Maria revivia. Revivia e aparecia adorada por seu povo num retrato pintado por Giuseppe Troni em 1793. Nele, a imagem de uma jovem Maria, cercada de familiares, surge protegida por um grupo de anjos, Nossa Senhora da Conceição e o flamejante Sagrado Coração de Jesus. A seus pés, um grupo de homens, crianças e mulheres com lenços à cabeça, todas fervorosamente ajoelhadas ao lado de uma negra, ela também maravilhada diante da aparição sobrenatural. Em seu vestido gracioso, com expressão de palidez aristocrática e tranquilidade superior, Maria zelava, guardava, cuidava de seu povo como de seus filhos. Um cãozinho deitado, os olhos voltados para a rainha, simbolizava a fidelidade. Não era à Virgem que os populares endereçavam seus pedidos e sua gratidão, mas a ela. Na pintura, Maria era uma irmã entre irmãos e parecia lhes dizer como era doce viver unidos em Cristo, como queriam as Santas Escrituras. Ela foi a primeira soberana da dinastia Bragança que não se juntou aos mortos da Casa Real de Bragança, em São Vicente de Fora.

Sob a suave luz filtrada pela cúpula, a tampa foi retirada do caixão. O cadáver que dormia há seis anos sem ter sido devidamente embalsamado mantinha ainda as ervas aromáticas e as resinas colocadas no primeiro enterro, no Rio de Janeiro. O cheiro espalhou-se pela igreja, e uma das netas de Maria, que se encontrava próximo ao caixão, desmaiou. As roupas estavam desfeitas, e foi necessário trajar novamente a rainha: vestido preto, touca, luvas, meias e sapatos e, ainda, as ordens de S. Tiago, Cristo e Avis de novo sobre o peito. O corpo mostrava-se intacto, flexível; apenas o rosto coberto de negro assustou a todos. Durante dois dias, a rainha ficou exposta na igreja, velada por uma guarda de honra. Os fidalgos vinham para o beija-mão, como era tradição. Inclinavam-se e beijavam a enluvada mão de ossos. O corpo foi finalmente entregue a sóror Maria Bárbara, a nova priora do convento. Depois, foi cerrado o seu suntuoso túmulo de mármore policromado, ricamente ornamentado, ao lado de seu primeiro confessor. Maria, ainda lúcida e governante, escolhera, muitos anos antes, onde queria esperar o dia do Juízo Final. Depois de 26 anos de discutível demência e dois funerais, sossegou.

Embora tenha convivido com Pombal, Maria não cresceu à luz de suas ideias. Ela não pertencia à pequena elite culta e preocupada em aniquilar definitivamente toda e qualquer estrutura mental receptiva aos sistemas mágicos dos quais fazia parte o Demônio, o Inferno, o pecado. O milagre era parte intrínseca de sua vida. As ações divinas ou demoníacas a guiavam. O grande livro do mundo continuava imerso em explicações binárias de certo e errado, de Bem e Mal. A luz da ciência ainda não entrara na sua intimidade ou na sua maneira de pensar. Para ela, a natureza obedecia a um sistema oculto e inacessível à razão humana – pelo menos, à dela. Entre crer e saber, ela optou: cria. Se sua irmã, d. Benedita, e seu filho, d. José, esperavam que a razão e a liberdade pusessem fim à aliança entre a Igreja e o absolutismo, ela via diferente.

***

Louca? O epíteto se colou à sua pele. A loucura era, então, um conceito vago e impreciso que se declinava em dezenas de definições: "mania", que podia ser "periódica, vulgar, metastática, histerálgica ou obscura"; "melancolia", que podia ser "panofóbica, erotomaníaca ou demoníaca"; "demência", que podia ser "senil ou sérica". Multiplicavam-se as classificações e a progressiva valorização dos distúrbios mentais como signos da loucura, em suas várias formas. Só por isso Maria foi considerada "louca".

Em meio a tantas indefinições, apenas uma certeza: somente sofrimentos poderiam conjurar o mal. E todos os cuidados eram poucos no sentido de apaziguar a culpa. O tratamento aplicado às várias doenças era um ato de fé. A confirmá-lo, as constituições sinodais do arcebispado de Lisboa, que recomendavam aos padres que se informassem sobre os doentes de sua freguesia: "que muitas vezes as enfermidades corporais procedem dos pecados e enfermidades espirituais, como Cristo Nosso Senhor ensinou nos Evangelhos; e que, cessando a causa dos mesmos pecados, quererá ele, por sua divina misericórdia, que cesse o efeito da doença". Se os médicos não acompanhassem os padres nesta ação, eram punidos com penas que iam da excomunhão ao pagamento de multas.

E isso antes que o meado do século XIX desenvolvesse um conceito médico novo: o de histeria. Assistiu-se, a partir de então, à elaboração de teorias, formulações e interpretações de sinais dos chamados "problemas histéricos". Doenças como vapores, afecções uterinas ou até uma de nome insólito, sufocação da madre, deixaram o corpo feminino na mira dos médicos, que tentavam decifrá-lo, criando uma nova patologia. Ou ainda antes que, em 1917, Sigmund Freud escrevesse sobre as conexões entre "Luto e melancolia" em artigo de mesmo nome, sublinhando o papel da culpa e da autoflagelação como obstáculos à elaboração das perdas afetivas.

Mas, no tempo de Maria, nada disso existia. No início do Oitocentos, os portugueses ainda se encontravam muito próximos das perspectivas deixadas pelo cristianismo ao longo dos séculos: as doenças que atingiam os corpos eram consideradas marcas de pecado. Sua cura assumia o aspecto de uma verdadeira redenção. A inexistência de recursos da medicina tornava os indivíduos vulneráveis, e a visão cotidiana da morte fazia da vida um momento penoso, uma espécie de passagem para um mundo melhor, onde finalmente se encontraria alívio e liberdade. Só o pensamento religioso explicava as doenças à maioria da população. Bastaria qualquer gesto mal concebido ou executado a contragosto de Deus para transformar nuvens e tempestades em enfermidades que arrasavam, sem piedade, as criaturas.

Maria não teve oportunidade de ser beneficiada pelas mudanças que viriam mais tarde. A compreensão de sua doença era modelada pelo universo mental em que havia crescido e reinado. Não era louca, mas, por força da Igreja da época, sentia-se louca. Considerava-se pecadora e culpada. E, como tantas místicas, dava assim sentido à sua dor. Na mesma época, e fora de Portugal, não faltou quem procurasse causas científicas para a loucura: o pioneiro Philippe Pinel não tinha dúvidas em responsabilizar a vida religiosa pelo desequilíbrio psíquico: cultos, objetos sagrados, pinturas e livros alimentavam a doença. Descrevia, sem saber, o universo que cercou Maria durante toda uma vida.

Guerra Junqueiro, precursor da modernidade poética em Portugal, foi dos que alimentou o mito de uma "d. Maria, a louca", em seu poema dramático *Pátria*, no qual faz desfilar o espectro da dinastia de Bragança, a quem considerava um flagelo para o país. A República queria enterrar a família real e fabricar seus próprios mitos e heróis. Conseguiu. Na cena XVIII, lê-se:

> O espectro de d. Maria I, louca, furiosa, delirando:
> Meu pai!... Meu pai!... Meu pai!... Meu pai!... Castigo eterno, chamas do inferno!... Meu pai!... Meu pai!... Olha os diabos... olha os diabos... Coriscos os cornos, serpentes os rabos!... Ui! O marquês... Ui! O marquês... Num caldeirão em brasa, a derreter em chumbo, a ferver em pez! Vão-me coser! Já estou a arder! Já estou a arder!...
> [...]
> Desaparece.

Seja no nosso imaginário, em romances ou em filmes, rainhas são lindas ou doidas, como queria Guerra Junqueiro. Viveram em castelos ou acabaram nos conventos, foram felizes ou infelizes. E tudo para sempre. Trancafiadas em palácios, vítimas de feitiçarias, guardadas por dragões ou à espera do cavaleiro, quem foram elas, afinal, no mundo real, entre os séculos XVIII e XIX? Quais suas fraquezas e forças? Que vitórias conquistaram ou que derrotas sofreram? Qual a personalidade, as prioridades e as inevitáveis contradições de tais mulheres?

Ora, entrar no mundo delas é entrar em outro mundo. Nele, veremos nascer e morrer criaturas que se assemelham a nós, mas cuja percepção e conhecimento das coisas são tão diversos que elas nos parecem perfeitamente estrangeiras. As rainhas – cujo nome derivava do latim *Regina*, palavra de uso corrente na Europa ocidental desde o século XI – nem sempre mereceram a mesma atenção que seus pares masculinos. Definidas no século XIII como "mãe do soberano" ou "esposa do rei" quando de um "casamento contraído pública e solenemente", elas se tornaram, no século XIV, a "mulher que detém a autoridade soberana de um reino". Já no dicionário do lexicógrafo carioca Antonio de Moraes Silva, publicado em 1813, elas são muito simplesmente definidas: "rainha é a mulher do rei". Ou "a segunda peça do xadrez". Uma definição muito simples para a complexa função que Maria encarnou.

O século XVIII desmentiu a crença da incapacidade das mulheres reinarem. Elas assumiram tronos importantes na Europa: na Rússia, na Áustria e em Portugal, onde, na falta de herdeiros masculinos, monarcas transmitiram às suas filhas primogênitas o cetro e a coroa. E, como Maria, elas demonstraram que, diferentemente dos reis, podiam conjugar os papéis femininos que lhes eram determinados na época: soberanas, mães e esposas. Guerra entre sexos? Não necessariamente. Os inimigos sempre tiveram tendência a confraternizar.

Hoje Maria dorme na Basílica da Estrela, que ela própria mandou construir pela graça alcançada de gerar o herdeiro d. José. Embora contemporânea das Luzes, Maria foi um ser espiritual em tudo o que a palavra contivesse de íntimo, de doutrinal e de social. Foi religiosa a ponto de adoecer. Louca? Nunca. Nem psicótica maníaco-depressiva. De acordo com os sintomas, psiquiatras e neurologistas hoje em dia atestam que ela sofria de depressão severa, mal que, segundo pesquisas, atinge hoje 6% da população brasileira e 8% da portuguesa. E que se caracteriza por todos os sintomas que ela manifestava: tristeza constante, profunda e incapacitante. Perda de autoconfiança e autoconsideração. Sentimento de vazio e irritabilidade. Distúrbios do sono. Fadiga. Pouca atenção à higiene. Isolamento. E, o mais importante, sentimento de culpa e de inutilidade – no caso de Maria, culpa profunda e corrosiva, fomentada por seu mundo, por suas crenças e por seu tempo.

Um tempo mergulhado na pastoral do medo, que resultava de uma combinação de sermões apavorantes, iconografia de santos mártires e o papel do inferno presente no cotidiano. Quando Satã consentia que Maria vivesse momentos de alegria, era para, com sua mão terrível, melhor empurrá-la aos espinhos. Quando ele a elevava às alturas, era para vê-la cair mais fundo. Maria jamais se revoltou contra sua sorte. Jamais levantou o punho. Se um gemido escapava de suas cartas, era para reafirmar que seu destino estava nas mãos de Deus. E ela não estava só. Uma unanimidade religiosa abraçava o reino. Nas formas de piedade então praticadas, residia a expressão do inconsciente social. Maria foi impregnada dos sentidos do além, do sobrenatural, da vida espiritual de um povo. O seu. Como tantas mulheres, ela transformou sua dor em amor do sofrimento. Um martírio insensato limou a doçura de sua juventude e de sua velhice. Nenhum tormento lhe foi dispensado, nenhum suplício esquecido. O destino de Maria parecia de uma hostilidade cega. Ainda assim, ela quis ser digna dele.

Maria Francisca Isabel Josefa Antonia Gertrudes Rita Joana de Bragança e Bourbon não foi só uma pessoa que adoeceu. Foi, também, esposa e mãe querida, avó e sogra generosa. Foi boa rainha e adorada por seus súditos. Eu sabia muito pouco dela... Conhecia apenas "a louca". Hoje conheço uma mulher. E mulher como tantas de nós.

Referências

ABENASSIFF, Ana Lucia de S. "D. Maria: A formação da Princesa do Brasil". VI Congresso Internacional UFES/Paris-Est, 2017, Vitória. *Anais...* Vitória, UFES, 2017.

_____. *Trajetória política de d. Maria I: ideias ilustradas, convulsão política e melancolia.* Dissertação (Mestrado em História) – Programa de Pós-Graduação em História Social das Relações Políticas, Universidade Federal do Espírito Santo, Vitória, 2018.

ABREU, Jean Luiz Neves. *Nos domínios do corpo – o saber médico luso-brasileiro no século XVIII.* Rio de Janeiro, Editora FioCruz, 2011.

ALÇADA, Isabel; FERNANDES, Paulo Jorge; MAGALHÃES, Ana Maria. *As invasões francesas e a corte no Brasil.* Alfragide: Editorial Caminho, 2011.

ALEXANDRE, Valentim. *Os sentidos do Império: questão nacional e questão colonial na crise do Antigo Regime português.* Porto: Edições Afrontamento, 1993.

ALMEIDA, Anita Correia Lima de. "Inconfidência em círculos". *Revista de História da Biblioteca Nacional*, Rio de Janeiro, set. 2017. Disponível em: <http://www.historia.uff.br/impressoesrebeldes/wp-content/uploads/2017/02/Inconfid%C3%AAncia-em-c%C3%ADrculos-Revista-de-Hist%C3%B3ria.pdf>. Acesso em: 10 abr. 2019.

ALMEIDA, Suely Creusa Cordeiro de. *O sexo devoto – normatização e resistência feminina no Império Português XVI-XVIII*. Recife, Editora Universitária UFPE, 2005.

ALVES, Ana Maria. *As entradas régias portuguesas: uma visão de conjunto*. Lisboa: Livros Horizonte, s.d.

ALVES, Patrícia Woolley C. L. D. *João de Almeida Portugal e a revisão do Processo dos Távoras: conflitos, intrigas e linguagens políticas em Portugal nos finais do Antigo Regime (c.1777-1802)*. Tese (Doutorado em História) – Programa de Pós-Graduação em História, Universidade Federal Fluminense, Niterói, 2011.

ANASTACIO, Vanda. "A morte de Maria Theresia relatada por Dona Leonor de Almeida Portugal: um olhar português sobre a soberania feminina". *Revista de Escritoras Ibéricas*, Madri, v. 5, p. 29-45, 2017. Disponível em: <http://revistas.uned.es/index.php/REI/article/view/19383/17269>. Acesso em: 11 abr. 2019.

ANTUNES DE CERQUEIRA, Bruno da Silva. "A primeira Chefe de Estado do Brasil: D. Maria I, a Louca?". *Caderno ASLEGIS*, Brasília, v. 51, p. 151-172, 2014.

ARANHA, Raquel da Silva. *A dança na corte e os balés nas Óperas em Portugal: aspectos de elementos franceses no ambiente cultural português*. Dissertação (Mestrado em Música) – Universidade Estadual de Campinas (Unicamp), Instituto de Artes, Campinas, 2010.

ARAÚJO, Ana Cristina. *A morte em Lisboa: atitudes e representações (1700-1830)*. Lisboa: Editorial Notícias, 1997

ASSUNÇÃO, Paulo de. *Ritmos da vida: momentos efusivos da família real portuguesa nos trópicos*. Rio de Janeiro: Arquivo Nacional, 2008.

_____. *Um olhar francês sobre Portugal: cartas de um belo país tão pouco conhecido*. São Paulo: Clube dos Autores, 2011.

AZEVEDO, Francisca Nogueira de. *Carlota Joaquina na corte do Brasil*. Rio de Janeiro: Civilização Brasileira, 2003.

BADINTER, Élisabeth. *Le pouvoir au féminin. Marie Thérèse d'Autriche 1717-1780, L'impératrice-reine*. Paris: Flammarion, 2017.

BEBIANO, Rui. *D. João V: poder e espetáculo*. Aveiro: Livraria Estante Editora, 1987.

BECKFORD, William. *A corte da rainha D. Maria I: Correspondência de William Beckford*. Lisboa: Tavares Cardoso & Irmão, 1901.

_____. *The Journal of William Beckford in Portugal and Spain*. Londres: Rupert-Hart-Davis, 1954.

BEIRÃO, Caetano. *D. Maria I, 1777-1792: subsídios para a Revisão da História do seu Reinado*. Lisboa: Empresa Nacional de Publicidade, 1934.

BELO, André. "A Gazeta de Lisboa e o terremoto de 1755: a margem do não escrito". *Análise Social*, Revista do Instituto de Ciências Sociais da Universidade de Lisboa, Lisboa, v. XXXIV, n. 151-152, p. 619-637, inverno 2000.

BENEVIDES, Francisco da Fonseca. *Rainhas de Portugal: estudo histórico*. Lisboa: Typographia Castro irmão, 1878.

BLANCO, Emilio. "La construcción de una identidad literaria en la corte de Carlos V: el caso de Fray Antonio de Guevara". *e-Spania*, jun. 2012. Disponível em: <http://journals.openedition.org/e-spania/21163>. Acesso em: 11 abr. 2019.

BLOCH, Marc. *Les rois thaumaturges: étude sur le caractère surnaturel attribué à la puissance royale particulièrement en France et en Angleterre*. Paris: Gallimard, 1983.

BOLÉO, Luísa V. Paiva. *D. Maria I: a rainha louca*. Lisboa: A Esfera dos Livros, 2009.

BOMBELLES, Marquis de. *Journal d'um ambassadeur de France em Portugal*. Paris: PUF, 1979.

BORRÊCHO, Maria do Céu de Brito Varinho. *D. Maria I: a formação de uma rainha*. Dissertação (Mestrado em História Cultural e Política) – Universidade Nova de Lisboa, Lisboa, 1993.

_____. "D. Maria Francisca: de Princesa da Beira a Princesa do Brasil. *Faces de Eva. Estudos sobre a Mulher* [versão impressa], Lisboa, n. 35, p. 114-133, jun. 2016.

BOXER, Charles. *O império marítimo português 1415-1825*. São Paulo: Companhia das Letras, 2002.

BRAGA, Paulo Drummond. *D. Pedro III: o rei esquecido*. Lisboa: Círculo de Leitores, 2013.

_____. "Preces públicas no reino pela saúde de D. Maria I (1792)". *Revista da Faculdade de Letras*, Porto, Universidade do Porto, v. XI, p. 215-225, 1994.

_____. *A princesa na sombra: D. Maria Francisca Benedita (1746-1829)*. Lisboa: Colibri, 2007.

BUESCU, Ana Isabel. *Na corte dos Reis de Portugal: saberes, ritos e memórias*. Lisboa: Colibri, 2011.

BUESCU, Ana Isabel; FELISMINO, David (coord.). *A mesa dos reis de Portugal*. Lisboa: Círculo de Leitores, 2011.

BURNAY, Maria João Vieira de Carvalho B. M. *Utilidade e gosto na corte portuguesa: a higiene e toilette nos séculos XVIII e XIX: estojos com serviços de toucador e escritório do Palácio Nacional da Ajuda*. Dissertação (Mestrado em Arte) – Faculdade de Letras, Universidade de Lisboa, Lisboa, 2011.

CALMON, Pedro. *O rei do Brasil: vida de d. João VI*. São Paulo: Companhia Editora Nacional, 1943.

CÂMARA CASCUDO, Luís da. *História dos nossos gestos*. Belo Horizonte: Itatiaia, 1987.

CARRARA, Angelo Alves; MOREIRA, Lucas Nascimento. "As exéquias de d. João V e a aclamação de d. José I, segundo o testemunho de um comerciante de Lisboa". *Revista de Fontes*, v. 4, p. 1-7, 2017.

CASSOTTI, Marsilio. *Carlota Joaquina: o pecado espanhol*. Lisboa: A Esfera dos Livros, 2009.

CASTELLO BRANCO, João Carlos Feo Cardozo Torres de; MESQUITA, Manuel de Castro Pereira de. *Resenha das famílias titulares do reino de Portugal*. Lisboa: Imprensa Nacional de Lisboa, 1838.

CHEKE, Marcus. *Carlota Joaquina: a rainha intrigante*. Rio de Janeiro: José Olympio, 1949.

CLAIR, Jean (coord.). *Mélancolie, génie et folie en Occident*. Paris: Gallimard, RMN, 2005.

COARACY, Vivaldo. *Memórias da cidade do Rio de Janeiro*. Rio de Janeiro: José Olympio, 1965.

COELHO, José Maria Latino. *História Política e Militar de Portugal desde os fins do século XVIII até 1814*, tomos I e II. Lisboa: Imprensa Nacional de Lisboa, 1874-1885.

CONDE, Maria Antonia Fialho. "O espaço do lúdico na sociedade e na cultura portuguesa do século XVIII: D. José de Bragança, arcebispo de Braga". *Eborensia*, ano XI, n. 21-22, p. 223-244, 1998.

CORBIN, Alain; COURTINE, Jean-Jacques; VIGARELLO, Georges. *Histoire du corps – de la Renaissance aux Lumiéres*. Paris: Seuil, 2005

DEBRET, Jean Baptiste. *Viagem pitoresca e histórica ao Brasil*, v. I e II. Belo Horizonte: Itatiaia; São Paulo: Edusp, 1978.

DEL PRIORE, Mary. *Ao sul do corpo: condição feminina, maternidades e mentalidade no Brasil Colônia*. Rio de Janeiro: EdUnB, José Olympio, 1993.

_____. "Auberon na Lusitânia". *Tempo*, v. 4, p. 124-145, 1997.

_____. *Festas e utopias no Brasil Colonial*. São Paulo: Braziliense, 1994.

_____. *O mal sobre a terra – uma história do terremoto de Lisboa em 1755*. Rio de Janeiro: Topbooks, 2003.

DEL PRIORE, Mary; VENÂNCIO, Renato. *Uma breve história do Brasil*. São Paulo: Planeta, 2010.

DELUMEAU, Jean. *L'aveu et le pardon: les difficultés de la confession XIIIe- XVIIIe siècle*. Paris: Fayard, 1990.

_____. *Rassurer et proteger: le sentiment de sécurité dans l'Occident d'autrefois*. Paris, Fayard, 1989.

EDMUNDO, Luiz. *O Rio de Janeiro no tempo dos vice-reis*. Rio de Janeiro: Conquista, 1956.

EHRENBERG, Alain. *La fatigue d'être soi: dépression et société*. Paris: Odile Jacob, 1998.

ELIAS, Norbert. *O processo civilizador: formação do Estado e civilização*, v. 2. Rio de Janeiro: Zahar, 1993.

EUTIMIA. *Eu luto contra a depressão: depressão em Portugal*. Disponível em: <https://eulutocontraadepressao.eutimia.pt/depressao-em-portugal>. Acesso em: 9 abr. 2019.

FALCON, Francisco. *A época pombalina: política econômica e monarquia ilustrada*. São Paulo: Ática, 1982.

FARGE, Arlette. *Dire et mal dire: l'opinion publique au XVIIIeme siècle*. Paris: Seuil, 1992.

FERRI, Edgarda. *Maria Teresa, una donna al potere*. Milão: Mondadori, 2017.

FERRO, João Pedro. *Um príncipe iluminado português: D. José (1761-1788)*. Lisboa: Lúcifer, 1989.

FIGUEIREDO, António Pereira de. *Elogio dos Reis de Portugal, em latim e em portuguez, ilustrados de notas históricas e críticas*. Lisboa: Off. de Simão Thaddeo Ferreira, 1775.

FRAGOSO, João; BICALHO, Maria Fernanda; GOUVEIA, Maria de Fátima (orgs.). *O antigo regime nos trópicos: a dinâmica imperial portuguesa (séculos XVI-XVIII)*. Rio de Janeiro: Civilização Brasileira, 2001.

FRANCO, Carlos José de Almeida. *Casas das elites de Lisboa: objetos, interiores e vivências (1750-1830)*. Tese (Doutorado em Artes) – Escola das Artes, Universidade Católica Portuguesa, Porto, 2014.

FREUD, Sigmund. "Luto e melancolia". In: *Obras completas*, v. XV, conferências introdutórias à psicanálise. Rio de Janeiro: Imago, 1996.

GIESEY, Ralph. *Le roi ne meurt jamais: les obseques royales dans la France de la Renaissance*. Paris: Flammarion, 1987.

GOMES, João Pedro. "Cozinhar 'à Portuguesa' com Lucas Rigaud: identidade alimentar portuguesa no Cozinheiro Moderno". *Revista de História da Sociedade e da Cultura*, Imprensa da Universidade de Coimbra, n. 16, 2016.

JANKSÓ, Istvan; KANTOR, Iris. *Festa: Cultura e sociabilidade na América Portuguesa*. São Paulo: Hucitec/Edusp/Fapesp/Imprensa Oficial, 2001.

JARDIM, Maria do Rosário. "A Baixela Germain ao serviço da corte no reinado de D. Maria I". *Artigos em Linha*, Lisboa, Palácio Nacional da Ajuda, n. 6, fev. 2012.

JUNQUEIRA, Renata Soares. "A propósito de d. João VI e da dinastia de Bragança: tributo ao teatro de Guerra Junqueiro". In: OLIVEIRA, Paulo Motta (org.). *Travessias – D. João VI e o mundo lusófono*. São Paulo: Ateliê Editorial, 2013.

KLIBANSKY, Raymond; PANOFSKY, Erwin; SAXL, Fritz. *Saturne et la mélancolie*. Paris: Gallimard, 1964.

LARA, Sílvia Hunold. *Fragmentos Setecentistas: escravidão, cultura e poder na América Portuguesa*. São Paulo: Companhia das Letras, 2007.

LÁZARO, Alice. *La menina: retrato de dona Carlota Joaquina nas cartas familiares (1785-1790)*. Lisboa: Chiado Editora, 2011.

_____. *O Reinado do Amor: cartas íntimas da priora da Estrela para a rainha d. Maria I (1776-1780)*. Lisboa: Chiado Editora, 2013.

_____. *Se saudades matassem... Cartas íntimas do infante D. João (VI) para a irmã (1785-1787)*. Lisboa: Chiado Editora, 2011.

_____. *O testamento da princesa do Brasil, D. Maria Benedita, 1746-1829*. Lisboa: Tribuna da História, 2007.

LEBRUN, François. *Se soigner autrefois: médecins, saints et sorciers aux 17e et 18e siècles*. Paris: Temps actuels, 1983.

LENCASTRE, Isabel. *Bastardos reais: os filhos ilegítimos dos reis de Portugal*. Lisboa: Leya, 2012.

LEVENSON, Jay. A. *The age of the baroque in Portugal*. Washington: National Gallery of Art, Washington/Yale University, 1993.

LIMA, Oliveira. *D. João VI no Brasil*. Topbooks: Rio de Janeiro, 1996.

LOPES, Marcos Antônio. *O imaginário da realeza*. Londrina: Eduel, 2012.

LOUREIRO, Maria Paula Marçal. "Os séquitos das rainhas de Portugal e a influência dos estrangeiros na construção da sociedade de corte 1640--1754". *Penélope*, Lisboa, n. 29, p. 49-82, 2003.

LOUSADA, M.ª Alexandre; PEREIRA, M.ª de Fátima Melo. *D. Miguel*. Lisboa: Círculo de Leitores, 2005.

LUCCOCK, John. *Notas sobre o Rio de Janeiro e partes meridionais do Brasil*. Belo Horizonte: Itatiaia; São Paulo: Edusp, 1975.

LYRA, Maria de Lourdes Vianna. *A utopia do poderoso império: Portugal e Brasil, bastidores da política 1798-1822*. Rio de Janeiro: Sette Letras, 1994.

MALERBA, Jurandir. *A corte no exílio: civilização e poder no Brasil às vésperas da Independência (1808-1821)*. São Paulo: Companhia das Letras, 2008.

MARTINHO, Bruno A. *O Paço da Ribeira às vésperas do terremoto*. Dissertação (Mestrado em História da Arte) – Faculdade de Ciências Sociais e Humanas, Universidade Nova de Lisboa, 2009.

MAXWELL, Kenneth. *Marquês de Pombal: paradoxo do Iluminismo*. Rio de Janeiro: Paz e Terra, 1996.

MEIRELLES, Juliana Gesuelli. "O teatro luso-brasileiro no período joanino e a civilização dos costumes (1792-1821)". In: MEIRELLES, Juliana Gesuelli e CARVALHO, Marieta Pinheiro de. (orgs.), *Leituras e Interpretações sobre a época joanina*. Curitiba: Prismas, 2016.

MERLO, Patrícia. "Os estudos médicos e o (des)conhecimento sobre o corpo no Setecentos português". *Dimensões*, Vitória, UFES, v. 34, 2015.

MICHELET, Jules. *La femme au XVIIIe siècle*. Paris: Champs Flammarion, 1982.

MILHEIRO, Maria Manuela. "Festa, pompa e ritual: a aclamação de D. Maria I". In: *Barroco: atas do II Congresso Internacional*. Braga, Universidade do Minho, 2003.

MINOIS, Georges. *Histoire de la vieillesse em Occident*. Paris: Fayard, 1987.

_____. *Histoire des enfers*. Paris: Fayard, 1991.

_____. *Histoire du mal de vivre de la mélancolie à la dépression*. Paris: Editions de La Martinière, 2003.

MOITA, Luís. "A Bemposta – o Paço da Rainha". *Olisipo, boletim trimestral do grupo "Amigos de Lisboa"*, ano XV, n. 57, p. 41-50, jan. 1952.

MONTEIRO, Nuno Gonçalo. "A monarquia barroca (1668-1750)". In: RAMOS, Rui (coord.). *História de Portugal*. 6. ed. Lisboa: A Esfera dos Livros, 2010.

MOTT, Luiz. *Rosa egipcíaca: uma santa africana no Brasil*. Rio de Janeiro: Bertrand Brasil, 1993.

NECHO, Ana Catarina. "A 'melancolia' do poder: representações e imagens de D. Maria I, a Piedosa (1734-1799)". *IV EJIHM (IV Encontro Internacional de Jovens Investigadores em História Moderna)*, Porto, 2012.

NEVES, Jean Luiz. *Nos domínios do corpo – o saber médico luso-brasileiro no século XVIII*. Rio de Janeiro: Editora FioCruz, 2011.

NORTON, Luís. *A corte de Portugal no Brasil: notas, alguns documentos diplomáticos e cartas da imperatriz Leopoldina*. São Paulo: Companhia Editora Nacional, 2008.

O'NEILL, Thomas. *A vinda da família real portuguesa para o Brasil.* Rio de Janeiro: José Olympio, 2008.

OLIVEIRA, Ana Margarida. *Os amores e os desgostos de D. Maria I e D. Maria II – bisavó e bisneta, as duas únicas rainhas de Portugal.* Lisboa: Verso da Kapa, 2014.

OLIVEIRA, Eduardo Romero de. "O governo protetor – a representação do poder político em cerimoniais régios portugueses (XVIII-XIX)". *Varia História,* Belo Horizonte, v. 22, n. 36, p. 476-493, jul./dez. 2006.

OLIVEIRA, Manuela Morilleau de. *As mulheres da família real portuguesa e a música: estudo preliminar de 1640 a 1754.* Dissertação (Mestrado em musicologia) – Universidade Nova de Lisboa, Lisboa, 2012.

OLIVEIRA, Paulo Motta (org.). *Travessias: D. João VI e o Mundo Lusófono.* São Paulo: Ateliê Editorial, 2013.

OLIVEIRA, Ricardo de. "As metamorfoses do império e os problemas da monarquia portuguesa na primeira metade do século XVIII". *Fronteiras,* Dourados, MS, v. 11, n. 20, p. 95-122, jul./dez. 2009. Disponível em: <http://ojs.ufgd.edu.br/index.php/FRONTEIRAS/article/view/394/420>. Acesso em: 6 fev. 2017.

OLIVEIRA MARTINS, Joaquim Pedro. *Histoire du Portugal.* Paris: La Différence, 1984.

PAIVA, José Pedro de Matos. *Bruxaria e superstição num país sem caça às bruxas (1600-1774).* Lisboa: Editorial Notícias, 1997.

PEDREIRA, Jorge; COSTA, Fernando Dores. *D. João VI: um príncipe entre dois continentes.* São Paulo: Companhia das Letras, 2008.

PEIXOTO, Inácio José; CAPELA, José Viriato. *Memórias particulares de Inácio José Peixoto: Braga e Portugal na Europa do século XVIII.* Braga: Arquivo Distrital de Braga, Universidade do Minho, 1992.

PEREIRA, Ana Cristina. *Princesas e infantas de Portugal.* Lisboa: Colibri, 2008.

PEREIRA, Ana Cristina; TRONI, Dana. *A vida privada dos Bragança: de D. João IV a D. Manuel II – O dia a dia na corte.* Lisboa: A Esfera dos Livros, 2011.

PEREIRA, Ângelo. *Os filhos de El-Rei d. João VI.* Lisboa: Empresa Nacional de Publicidade, 1956.

PEREIRA, Esteves; RODRIGUES, Guilherme. *Portugal – Dicionário histórico, corográfico, heráldico, biográfico, bibliográfico, numismático e artístico*, v. I. Lisboa: João Romano Torres-Editor, 1907a.

PEREIRA, José Fernandes. *Arquitetura Barroca em Portugal*. Lisboa: Biblioteca Breve, 1992.

PEREIRA, Sara Marques. *D. Carlota Joaquina e os "espelhos de Clio": actuação política e figurações historiográficas*. Lisboa: Livros Horizonte, 1999.

_____. *D. Carlota Joaquina: rainha de Portugal*. Lisboa: Livros Horizonte, 2008.

PESSOTTI, Isaias. *Os nomes da loucura*. São Paulo: Editora 34, 1999.

PETERS, Timothy; WILLIS, Clive. "Maria I of Portugal: another royal psychiatric patient of Francis Willis". *The British Journal of Psychiatry*, v. 203, p. 167, 2003.

PRATT, Mary Louise. *Os olhos do Império: relatos de viagem e transculturação*. Bauru: Edusc, 1999.

QUEIRÓZ, Mónica Ribas Marques Ribeiro de. *O arquitecto Mateus Vicente de Oliveira (1706-1785). Uma práxis original na arquitectura portuguesa setecentista*. Tese (Doutorado em Belas Artes) – Universidade de Lisboa, Lisboa, 2013.

RAMOS, Luís de Oliveira. *D. Maria I*. Lisboa: Temas e Debates, 2010.

RIBEIRO, Márcia Moisés. *A ciência nos trópicos: a arte médica no Brasil do século XVIII*. São Paulo: Hucitec, 1997.

_____. *Exorcistas e demônios: demonologia e exorcismos no mundo brasileiro*. Rio de Janeiro: Campus, 2003.

RIBEIRO, Renato Janine. *A etiqueta no Antigo Regime: do sangue à doce vida*. São Paulo: Brasiliense, 1983.

RIVARA, Joaquim Heliodoro da Cunha. *A conjuração de 1787 em Goa e várias cousas desse tempo, memória histórica*. Nova Goa: Imprensa Nacional, 1875.

ROBERTS, Jennifer. *D. Maria I: a vida notável de uma rainha louca*. Alfragide: Casa das Letras, 2012.

RODRIGUES, Ernesto. "A corte de D. João VI no Brasil vista pelo jornalismo português (1807-1821)". In: OLIVEIRA, Paulo Motta (org.). *Travessias – D. João VI e o Mundo Lusófono*. São Paulo: Ateliê Editorial, 2013.

SANTOS, Afonso Carlos Marques dos. *No rascunho da nação: inconfidência no Rio de Janeiro*. Rio de Janeiro: Biblioteca Carioca, Secretaria de Cultura, Turismo e Esportes, 1992.

SANTOS, Candido dos. "Pereira de Figueiredo, Pombal e o Aufklärung: ensaio sobre o regalismo e o jansenismo em Portugal na 2ª metade do século XVIII". *Revista de História das Ideias*, v. 4, tomo I, Porto, 1982.

SANTOS, Eugênio dos. *D. Pedro IV*. Lisboa: Círculo de Leitores, 2006.

SANTOS, João Felício dos. *Carlota Joaquina: a rainha devassa*. Rio de Janeiro: Civilização Brasileira, 1968.

SANTOS, Luiz Gonçalves dos (Padre Perereca). *Memórias para servir à História do Reino do Brasil*, v. I e II. Belo Horizonte: Itatiaia; São Paulo: Edusp,1981.

SANTOS, Piedade Braga; RODRIGUES, Teresa S.; NOGUEIRA, Margarida Sá. *Lisboa setecentista vista por estrangeiros*. Lisboa: Livros Horizonte, 1987.

SCHULTZ, Kirsten. *Versailles tropical: império, monarquia e a corte real portuguesa no Rio de Janeiro, 1808-1821*. Rio de Janeiro: Civilização Brasileira, 2008.

SERRÃO, Joaquim Veríssimo. *História de Portugal*, v. VI. Lisboa: Verbo, 1982.

SILVA, Julio Cesar da Costa. *O terremoto de Lisboa de 1755 e a trajetória política de Sebastião José de Carvalho e Melo*. Dissertação (Mestrado em História) – Programa de Pós-Graduação em História Social das Relações Políticas, Universidade Federal do Espírito Santo, Vitória, 2016.

SILVA, Maria Beatriz Nizza (org.). *Dicionário da História da Colonização Portuguesa no Brasil*. Lisboa/São Paulo: Verbo, 2008.

_____. *A gazeta do Rio de Janeiro (1808-1822)*. Rio de Janeiro: Editora UERJ, 2007.

_____. *O império luso-brasileiro (1750-1822)*. Lisboa: Editorial Estampa, 1986.

_____. *Vida privada e quotidiano no Brasil à época de d. Maria e d. João VI*. Lisboa: Editorial Estampa, 1993.

SILVA, Paulo Napoleão Nogueira da. *Crônica de D. João VI*. Rio de Janeiro: Forense, 2002.

SILVA, Simone Santos de Almeida. *Iluminismo e ciência luso-brasileira: uma semiologia das doenças nervosas no período joanino.* Tese (Doutorado em História das Ciências e da Saúde) – Casa de Oswaldo Cruz/Fiocruz, Rio de Janeiro, 2012.

SOUSA, António Caetano de. *Historia genealogica da Casa Real Portugueza: desde a sua origem até o presente, com as famílias illustres, que procedem dos reys, e dos sereníssimos duques de Bragança: justificada com instrumentos, e escritores de inviolavel fé: e offerecida a el-rey D. João V Nosso Senhor,* tomo VII. Lisboa: Officina de Joseph Antonio da Sylva, impressor da Academia Real, 1735-1749.

SOUZA, Fernando de. "Inquisição e heresia nos finais do século XVIII". *Revista da Faculdade de Letras,* Porto, Universidade do Porto, 1987. Disponível em: <https://ler.letras.up.pt/uploads/ficheiros/2063.pdf>. Acesso em: 7 jan. 2019.

SOUZA, Laura de Mello e. *O Diabo e a Terra de Santa Cruz.* São Paulo: Companhia das Letras, 1986.

SOUZA, Moizeis Sobreira. "Dos livros de devoção ao romance: a numerosa e escolhida biblioteca da Princesa do Brasil, D. Maria Francisca Benedita (1746-1829)". *História (São Paulo),* Campinas, Unicamp, v. 36, e23, 2017. Disponível em: <http://www.scielo.br/pdf/his/v36/1980-4369-his-36-e23.pdf>. Acesso em: 9 abr. 2019.

STILWELL, Isabel. *D. Maria I: uma rainha atormentada por um segredo que a levou à loucura.* Lisboa: Manuscrito, 2018.

TÁVORA, D. Luiz de Lencastre e. *D. Leonor de Távora.* Lisboa: Quetzal, 2010.

TELLES, Augusto Carlos da Silva. *Atlas dos monumentos históricos e artísticos do Brasil.* Brasília: Iphan, 2008.

TENGARINHA, José (org.). *História de Portugal.* São Paulo: Unesp, 2001.

TINHORÃO, José Ramos. *As festas no Brasil colonial.* São Paulo: Editora 34, 2000.

THOMAS, Chantal. *L' echange dês princesses.* Paris: Seuil, 2010.

VAINFAS, Ronaldo; NEVES, Lúcia Bastos Pereira das. *Dicionário do Brasil Joanino 1808-1821.* Rio de Janeiro: Objetiva, 2008.

VALE, Teresa Leonor Magalhães do. "Entre castiçais, vasos, bustos de santos e estátuas de apóstolos: cerimonial e aparato barroco do altar da

Patriarcal joanina". *Cadernos do Arquivo Municipal*, 2ª série, n. 1, p. 223--249, 2014.

WILKEN, Patrick. *Empire adrift: the Portuguese court in Rio de Janeiro, 1801-1821.* Londres: Bloomsbury, 2004.

YATES, Frances A. *Astraea: The imperial themes in the sixteenth century.* London/Boston/Melbourne/Henly: ARK, 1985.

Agradecimentos

A José Antonio Ameijeiras, pelo incansável auxílio na pesquisa, e a Paulo de Assunção, pelas sugestões de leitura. Ao Dr. Sávio Santos Silva, pelas informações detalhadas sobre depressão e seus sintomas. A Carlos Milhono, sempre parceiro.